ずっと着たい
私だけのワンピース

笹原のりこ

文化出版局

Contents

A 白い衿のツイードドレス　page 4, 37

B ケープカラーのリトルブラックドレス　page 5, 39

C イエロージャカードのボーカラードレス　page 6, 41

D 別珍とフロッキープリントのバイカラーワンピース　page 8, 44

E セーラーのスペアカラーワンピース　page 11, 47

F ピンクジャカードのフレアワンピース　page 12, 32

G グリーンのラッフルカラーフレアワンピース　page 13, 51

H モノクロームのプリンセスラインワンピース　page 14, 54

I リバティ大柄スタンドカラーフレアワンピース　page 17, 56

J ソフトデニムのオーバーオール風ドレス　page 18, 58

K オープンファスナーあきのワンピース　page 19, 61

L ギンガムチェックのガーリードレス　page 20, 64

M 白いロングシャツワンピース　page 23, 67

N ソレイアードのフォークロアワンピース　page 24, 71

O リバティ小花柄ベル袖ワンピース　page 25, 73

P グログランのコートドレス　page 27, 75

How to Make　page 29

長く愛される洋服があります。定番といわれるアイテムやディテール、シルエットにはずっと変わらないものもありますが、時代によって丈や肩幅、フィット感などは少しずつ変化しています。この本では、ストレートライン、パネルライン、プリンセスライン、フレアといったベーシックで長く愛されてきたシルエットを軸に、今の気分に合いながら、ずっと着ていきたいワンピースを紹介します。

基本はシンプルなワンピースです。そこに、ずっと変わらず好きなもの……セーラーカラーや白い衿、シャツ、ラッフルといったエッセンスをプラスして、大人のワンピースに仕上げました。上質な素材を使ってフォーマルなシーンに着られるものや、ちょっとしたお出かけに着たいものをそろえています。

ワンピースは一枚だけでも着られますし、何か他のアイテムと合わせて全く違った着こなしも楽しめます。コーディネートのすてきなアレンジを紹介していますので、着こなしの参考にしてください。

自分で洋服を作るのは手間と時間がかかります。その分でき上がったときの喜びはひとしおです。この本でソーイングを楽しみながら、あなただけのワンピースを作ってもらえたらうれしいです。どうかこの本が長く使えるパターン、みなさまに長く愛される本でありますようにと願っています。

A ▶ page 37

白い衿のツイードドレス
上質なファンシーツイードでシックな色合いの
少女のような大人のミニドレス。
レースをはさんだ白い衿と
袖山にギャザーを入れた袖が
さり気ない甘さをプラスして。
少しだけ裾広がりにして着やすいシルエットに。

B ▶ page 39

ケープカラーのリトルブラックドレス
ケープつきのノーブルなブラックドレス。
身頃はノースリーブのストレートラインで
後ろの裾にはスリット入り。
改まったシーンに着たい、そんな一枚。

C ▶page 41

イエロージャカードのボーカラードレス
胸ダーツの入った身頃は落ち着いたひざ下丈。
すっきりとした9分丈の袖と大きく結んだボーがクラシカル。
ペールイエローのジャカードが
品のいい華やかさを感じさせる一着。
また、ボーの結び方を変えて
コートをさらりとはおると別の表情に。

D ▸ page 44

別珍とフロッキープリントのバイカラーワンピース
美しい花柄のフロッキープリントを
贅沢に使ったワンピース。
ボートネックと肩先を出したラインは
気になるところを隠しつつきれいに見せるカッティング。
花柄の生地に別珍の深い黒がシックな一着。
また、綿のテーラードコートを合わせれば
ドレスダウンした着こなしも楽しめそう。

E ▶ page 47

セーラーのスペアカラーワンピース
ストレッチコットンの着やすいワンピース。
パネルラインの裾にはボックスプリーツを入れて
セーラーカラーは取り外せるので手持ちの服に合わせたり、
ワンピースを衿なしで着ることも。
大人のセーラースタイル。

F ► page 32

ピンクジャカードのフレアワンピース
パネルラインの身頃とフレアスカートが
クラシカルなワンピース。
淡いピンク色のジャカードを使って
フレッシュな印象に。
袖は腕をきれいに見せる6分丈で
袖口には小さなスリット入り。
少し高めで切り替えたウエストラインは
スタイルよく見せるテクニック。
レディの気分で着たい。

G ▶page 51

グリーンのラッフルカラーフレアワンピース
きれいな緑色のサテンを
ひざ丈のフレアワンピースに。
フリル分量にこだわったラッフルカラーと
袖口のフリルがポイント。
ファスナーをつけないスラッシュあきの簡単仕立て。
動くたびにフレアが揺れるワンピース。

H ▶ page 54

モノクロームのプリンセスラインワンピース
ファーの毛並みのような織り柄が目を引く
エレガントなプリンセスラインのワンピース。
シェープされたウエストとヒップの下から広がるフレアが
スタイルをよく見せて。
また、アンティークな雰囲気の
ビーズ細工のつけ衿を合わせればフェミニンな印象にも。
手軽にできるコーディネートアレンジ。

I ▶ page 56

リバティ大柄スタンドカラーフレアワンピース

夏の日差しに映えるワンピースを
色鮮やかなリバティプリントで。
長めの丈のフレアラインは長く愛したいシルエット。
少し高めにしたスタンドカラーがおしゃれな印象。
また、ブローチを使って
タックをとるように身頃をつまんでとめれば、
ドレープができて違った雰囲気に。
夜のお出かけにも使えるアレンジ。

J ► page 58

ソフトデニムのオーバーオール風ドレス
前身頃の深いVとたっぷりとったフレアスカートが
フェミニンなオーバーオール風ドレス。
身頃は前と脇で重ね合わせたデザイン。
肩には大きいボタンをつけてアクセントに。
きれいなブルーのデニム地は柔らかく光沢があり、
フレアをきれいに見せて。
中にキャミソールやベアトップと
合わせて着ることもできるけれど、
オフホワイトのタートルニットを合わせて
1970年代風が気分。

K ▶ page 61

オープンファスナーあきのワンピース
メタリックなオープンファスナーを
主役にしたスポーティなミニワンピース。
柔らかく風合いのある麻混のデニムに
黒いステッチを施して。
レギンスやタイツと合わせて着てみたり、
また、細身のパンツと合わせれば
ベストのようにも着られる一着。
自分なりのコーディネートを楽しんで。

L ▶ page 64

ギンガムチェックのガーリードレス
ギンガムチェックのコットンで子どものころを思い出すような夏のワンピースを。
ウエストは絞りのない切替えでスカートはインバーテッドプリーツ入り。
袖口は折り代を表に返してステッチしただけの簡単カフス風。
大きめのボタンをアクセントに。

M ▶page 67

白いロングシャツワンピース
永遠の定番である白いシャツをロング丈のワンピースに。
台衿つきの衿や袖口の剣ボロ、カフスは
本格仕立てで工程数は多いけれど、
でき上がったときの達成感はひとしお。
すっきりと見せる比翼は簡単仕立て。
裾の脇にはスリットを入れて。
そのままさらりと一枚で着てもいいし、
ベルトでウエストマークするのもおすすめ。
メタリックな幅広のベルトが意外にも
しっくりとなじんで。

N ► page 71

ソレイアードのフォークロアワンピース
ソレイアードの布地でフォークロアの雰囲気のワンピースに。
繊細な柄の幅広レースを身頃とウエストにのせて。
袖山と袖口にギャザーを入れた控えめなパフスリーブが着やすい。
衿ぐりと袖口の黒いパイピングが引締め役。
かぶって着られる後ろスリットあき。

O ► page 73

リバティ小花柄ベル袖ワンピース
ハイウエストで切り替えたベル袖のワンピース。
胸下にはタックを入れてニュアンスをつけて。
スカートはバイアスにして
広がりすぎない柔らかなフレアに。
首もとのリボンと
小花柄のリバティプリントが優しげな一着。

P ▶ page 75

グログランのコートドレス
モアレ柄のグログランに
別珍の衿とボタンを合わせたダブルのコートドレス。
一枚でワンピースとして、
また洋服の上に合わせてコンパクトな
コートとしても着られるユースフルな一着。
赤いタイツを合わせてロンドンガールのように。
黒いパンツと合わせれば
全く違った雰囲気で着こなせそう。

How to Make

サイズと付録の実物大パターンについて

各デザインのパターンは、右のヌード参考寸法表の7号、9号、11号、13号、15号にグレーディング(サイズ展開)されて付録の2枚の実物大パターンの中に入っています。
衿ぐり見返し、袖ぐり見返しのパターンを省いていますので、それぞれの指示に従ってパターンを作ってください。

パターンサイズの選び方

自分のヌード寸法(参考寸法表)をもとにパターンサイズを選びます。バスト寸法、ウエスト寸法、ヒップ寸法のそれぞれを確認し、自分のサイズがあてはまる大きいほうのサイズを選んでください。着丈、スカート丈、袖丈は各デザインの作り方ページに表示した出来上り寸法を参考にしてください。着丈は実際に着用したときの首の後ろ(BNP)から裾までの寸法です。

基本の縫い方について

基本になる縫い方は、ウエストの切替え、袖つけ、コンシールファスナーつけ、衿ぐり見返しつけのある左ページのFフレアワンピースを33ページから写真で詳しく解説しています。各デザインの縫い方にも参照ページを記していますのでそれを見ながら縫い進めてください。

素材について

作り方は、それぞれの作品に使用した素材に合わせて解説しています。作品と異なる素材の場合は扱い方も変わる場合があります。なるべく風合いの似た素材をおすすめします。異なる素材の場合は、同じような素材が使われている他の作品の扱い方も参考にしてください。

ヌード参考寸法表 (単位はcm)

	7号	9号	11号	13号	15号
身長	157	160	163	166	169
バスト	79	83	87	91	95
ウエスト	60	64	68	72	76
ヒップ	86	90	94	98	102

◆材料の問合せ先

※布地は一部シーズン商品のため手に入らない場合もあります。

●A(表布)、D(表布)、H、Lの布地
エレガンス　TEL : 03-3891-8998
〒116-0014　東京都荒川区東日暮里 5-33-10

●A(別布)、B、C、D(別布)、
E、F、G、J、K、M、P(別布)の布地
オカダヤ新宿本店　TEL : 03-3352-5411
〒160-0022　東京都新宿区新宿 3-23-17

●N、P(表布)の布地
ユザワヤ蒲田本店　TEL : 03-3734-4141
〒160-0022　東京都大田区西蒲田 8-23-5

●I、Oの布地
丸十　TEL : 092-281-1286
〒812-0026　福岡市博多区上川端町 11-275

●Nのレース、Eのグログランリボン、
A、J、L、Pのボタン
つよせ　TEL : 03-3387-6235
〒164-0001　東京都中野区中野 5-66-5

パターン線の写し方

必要なパターンを、実物大パターンの配置を参考に写しとります。パターンは紙面の都合上、線が重なっていますので、写したいサイズの線をマーカーなどでなぞり、ハトロン紙などの別紙に写しとります。その際、合い印や布目線も忘れずに写します。

また、衿ぐり、袖ぐりなどの見返し線は煩雑になるために省略しています。それぞれの指示に従って見返し線を衿ぐり、袖ぐり線に平行に線を引いて写しとり、パターンを作ります(右図を参照)。

さらにパターンが紙面に収まらないデザインはパーツが分割されて入っています。裁合せ図のとおりにパーツを突き合わせてパターンを作ってください。

着丈と袖丈の調節のしかた

着丈と袖丈の調節方法です。ウエスト切替えのあるデザインD、F、N、P、O、ウエストラインが体にフィットしたデザインH、J、Kの場合は、着丈をのばす場合もカットする場合も身頃とスカートの両方で調節します。身頃はウエストラインで1/3を追加、または1/3カットし、スカートは裾線で平行に2/3を追加、または2/3をカットします。袖丈は袖口で調節しますが、2枚袖のPの場合はまずエルボーライン(EL)に操作線を入れ、のばす場合は操作線で平行に切り開き、カットする場合は操作線でパターンを重ねます。どちらの場合も5cmを限度にしましょう。

パターンの作り方、裁断、印つけ

付録の実物大パターンには、15号のみ縫い代がついていますので、これを参考に縫い代つきのパターンを作ります。縫い代が不足しないように角の縫い代をつけます（下図を参照）。

裁断は、裁合せ図を参考に配置して重しやまち針でパターンを押さえ、縫い代線にそって切ります。

印つけは、基本的にしません。合い印などの位置はノッチ（3mmの切込み）の印をつけます。ポケットつけ位置など、パターンの中央の印つけはチョークペーパーでしるしします。

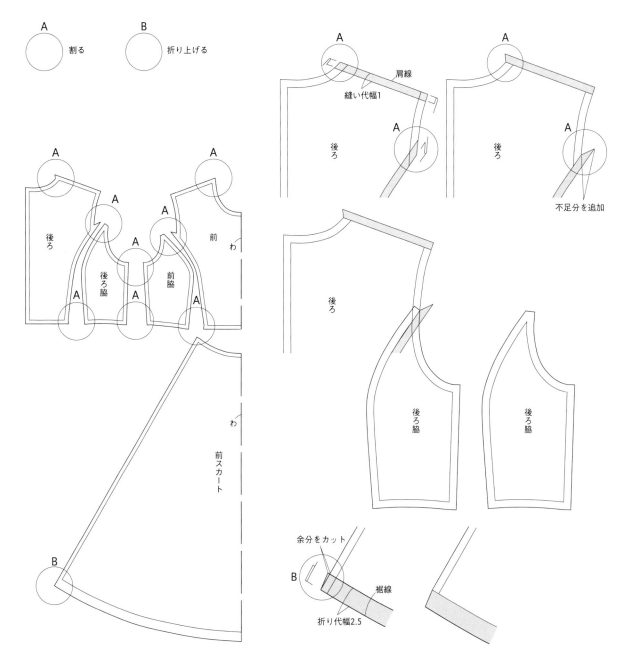

F ▶ page 12

● 必要なパターン（2面）
前、前脇、後ろ、後ろ脇、前スカート、後ろスカート、外袖、内袖
※前衿ぐり見返し、後ろ衿ぐり見返しは、写しとった前身頃、後ろ身頃の衿ぐりから内側3.5cm平行に引いてパターンを作ります。

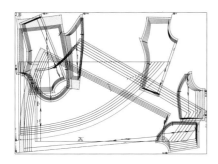

● 材料
表布（スワン）＝112cm幅
　（7～11号）3m20cm、（13、15号）3m40cm
接着芯＝90cm幅20cm
接着テープ＝1.2cm幅1m30cm
コンシールファスナー＝56cm1本

BS

裁合せ図

見返しのパターンの作り方

出来上り寸法					(単位はcm)
サイズ	7号	9号	11号	13号	15号
バスト	85	89	93	97	101
ウエスト	71	75	79	83	87
着丈	105.5	107	108.5	110	111.5
袖丈	36	36.7	37.4	38.1	38.8

● 作り方

準備：接着芯をはる。布端を始末する

1

2

3

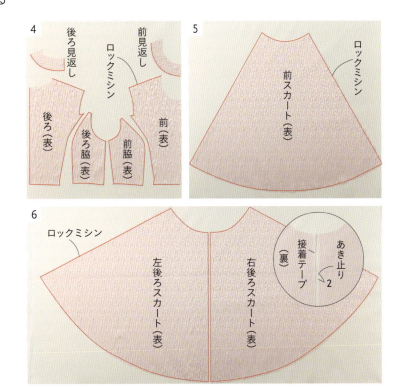

1-3 前後衿ぐり見返し、袖口縫い代の裏面に伸止めと補強を兼ねて接着芯をはる。左右後ろ中心縫い代のコンシールファスナーつけ位置の裏面に接着テープをはる。

4-6 各パーツの裁ち端（──）にロックミシン、またはジグザグミシンをかける。

① 身頃のパネルライン、肩、脇を縫う（縫い代は割る）

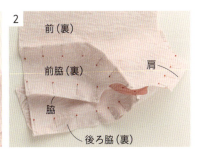

◆縫合せのヒント
縫合せはステッチ定規を使い、布の裁ち端から針までの距離を縫い代幅に合わせてミシンをかけます（写真3）。

1、2 縫い合わせるパネルラインの2枚の布のカーブが逆になるので、細かくまち針でとめる。まち針は内カーブになる脇布側をからとめると楽にできる。

3 まち針とまち針の間の2枚の布がずれないように目打ちで押さえながらミシンをかける。内カーブになる脇布側からミシンをかけると楽にできる。

4 カーブの縫い代がつれないように、縫い代の裁ち端をアイロンをかけて伸ばす。このとき袖まんじゅうの上で縫い代だけにアイロンをかける。この後縫い代を割り、アイロンの縁を使って縫い目だけを押さえる。

② スカートの後ろ中心の裾からあき止りまでと切替え線を縫う（縫い代は割る）

1. 後ろ中心など長い直線の縫合せは、布端を合わせて合い印をまち針でとめる。縫い縮まないように布をやや引きぎみに押さえながらミシンをかける。ただし、切替え線は布地がバイアスに伸びやすいので、押さえるだけにする。

③ 裾を二つ折りにしてまつる

1. 裾端から折り代寸法の2倍の位置に平行に印をつける。水分や熱で消える印つけペンが便利。裾端を印に合わせてアイロンで折る。
2. カーブになった裾線を折り上げるときは、折り代の端が浮いてあたりが出ないようやや糸調子を強めた端ミシンをかけると浮き分が抑えられる。その端ミシンをすくうように奥をまつる。

④ 身頃とスカートのウエストを縫う（縫い代は身頃側に倒す）

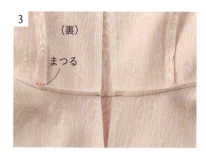

1,2. 身頃とスカートのウエストを中表に合わせて縫う。
3. 縫い代は身頃側に倒して身頃の縫い代にまつる。

⑤ コンシールファスナーをつける

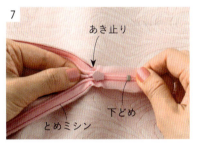

1. 56cmのコンシールファスナーがぴったり合うつけ寸法。
2、3. 右縫い代の端にファスナーテープの端を合わせてまち針でとめる。
4-6. ミシンの押え金をコンシール押えに替え、あき止りまで右側の溝にファスナーの務歯をはめ込んで縫う。このとき目打ちで務歯を起こしながら縫う。左も同じく縫う。
7. あき止りのすきまからファスナーの引き手を引き出し、引き上げる。下どめをあき止りに移動しペンチで締めて固定する。最後にファスナーテープの端を縫い代にとめミシンする。

◆ファスナーをきれいにつけるヒント
出来上り位置、あき止り、ウエストはぎ位置のポイントをファスナーテープの左右に印をつけます。ファスナーと縫い代のポイントを合わせて、まち針でとめていきます。ポイントの左右の高さがぴったり合うとファスナーがきれいにつきます。

⑥ 衿ぐりを縫い返す

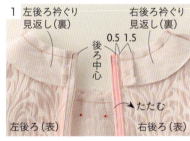

1. 衿ぐりに見返しを中表に重ね、後ろ中心を0.5cm控えて折って衿ぐりを縫う。
2. カーブの部分に切込みを入れる。
3、4. 見返しを身頃の裏面に返し、見返しを少し控えてアイロンで整える。見返しと縫い代だけに0.1cmの押えミシンをかける。
5. 見返しの後ろ端はファスナーテープにまつる。見返し奥は肩の縫い代と、ところどころまつる。

⑦ 袖を作る

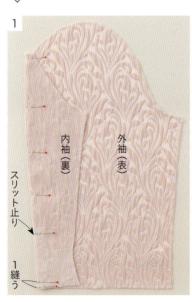

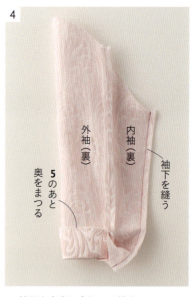

1. 内袖と外袖を中表に合わせてまち針でとめる。袖山〜スリット止りまでと縫い代1cmを縫い、縫い代は割る。
2-3. 内袖と外袖の袖口縫い代を袖口で中表に折り、スリット部分をそれぞれスリット止りまで縫う。スリットの縫い代をアイロンで片側に倒してから表に返す。

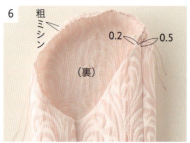

4. 袖下を中表に合わせて縫う。
5. 縫い代を割る。このとき、袖まんじゅうを差し込んでアイロンをかける。袖口の縫い代の奥をまつる。
6. 袖山に粗い針目のミシンを2本かけ、片方の糸を引いて袖山の合い印と身頃袖ぐりの合い印が合うようギャザーにならないように縮める(「いせる」と言う)。

⑧ 袖をつける（縫い代は袖側に倒す）

〈出来上り〉

1、2. 身頃と袖山を中表に合わせ、合い印にまち針をとめる。いせのふくらみをギャザーにならないように目打ちで押さえるようにしながらミシンをかける。
3. 縫い代は袖側に倒し、身頃表側から袖つけ線の際をアイロンで整える。出来上り。

A ► page 4

● 必要なパターン(1面)
前、後ろ、衿、袖
※前衿ぐり見返し、後ろ衿ぐり見返しは、写しとった前身頃、後ろ身頃の衿ぐりから内側3.5cm平行に引いてパターンを作ります。→p.30

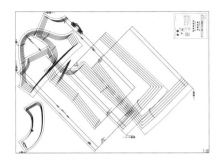

● 材料
表布(ツイード)=156cm幅
　(7～11号)1m40cm、(13、15号)1m60cm
別布(コーマバーバリー)=112cm幅35cm
裏打ち布(綿ローン)=112cm幅
　(7～11号)2m10cm、(13、15号)2m30cm
レース=1.3cm幅90cm
接着芯(表衿)=90cm幅25cm
コンシールファスナー=56cm1本
飾りボタン=直径1.8cm2個
力ボタン=直径1cm2個
スプリングホック(カギのみ)=1個

● 作り方
準備:表衿に接着芯をはる。身頃と袖の表布と裏打ち布を外表に合わせて、衿ぐりを除く縫い代、前後衿ぐり見返し奥にMをかける。→p.45
準備
※Mはロックまたはジグザグミシンの略

1 前身頃のダーツを縫う(上に倒す)。→p.42・1
2 後ろ中心のあき止りから裾まで縫い、コンシールファスナーをつける。→p.35・5
3 身頃、衿ぐり見返しの肩、脇をそれぞれ縫う(縫い代は割る)。
4 裾を二つ折りにしてまつる。
5 袖を作る。→図
6 袖をつける。→図
7 外回りにレースをはさんで衿を縫い返す。→図
8 衿を身頃と衿ぐり見返しではさんで縫い返す。→図
9 見返しを肩、後ろ中心の縫い代に縫いとめる。→p.40・9
10 左衿に糸ループを作り(→p.50)、右表衿にスプリングホックをつける。後ろ衿の下端を身頃にまつる。裏側に力ボタンをつけて飾りボタンをつける。

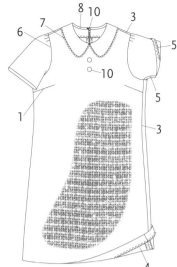
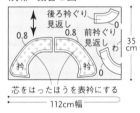
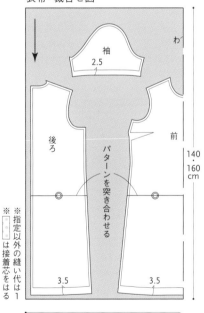

出来上り寸法　(単位はcm)

サイズ	7号	9号	11号	13号	15号
バスト	96	100	104	108	112
ウエスト	97	101	105	109	113
ヒップ	102	106	110	114	118
着丈	95	96	98	99	100
袖丈	20.5	21	21.5	22	22.5

5

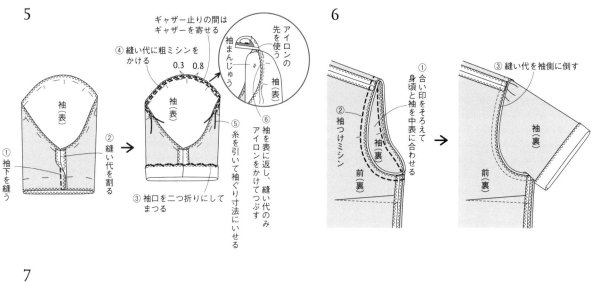

6

7

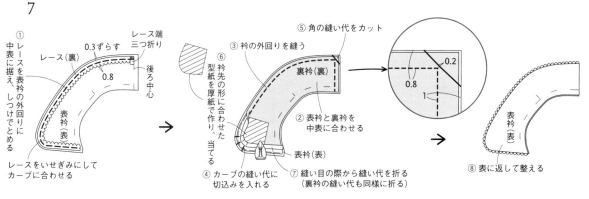

8

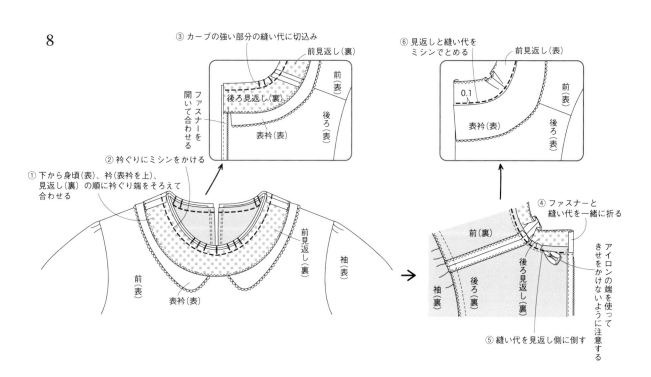

B ▶page 5

● 必要なパターン（1面）
前、前脇、後ろ、後ろ脇、ケープ
※前衿ぐり見返し、後ろ衿ぐり見返し、前袖ぐり見返し、後ろ袖ぐり見返しは、写しとった各身頃の衿ぐりと袖ぐりからそれぞれ内側3.5cm平行に引いてパターンを作ります。袖ぐり見返しは前後ともパネルラインを突き合わせます。
→p.30

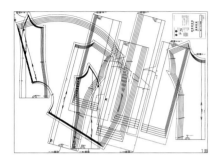

● 材料
表布（エステルバラッシャ）＝150cm幅
　（7～11号）2m20cm、（13、15号）2m40cm
接着芯（衿ぐり見返し、袖ぐり見返し、
　後ろスリット見返し）＝90cm幅30cm
接着テープ＝1.2cm幅1m30cm
コンシールファスナー＝56cm1本
スプリングホック＝1組み

● 作り方
準備：衿ぐり見返し、袖ぐり見返し、後ろ裾スリット見返しに接着芯を、ファスナーあきの縫い代に接着テープをはる。衿ぐり、袖ぐりを除く縫い代、前後衿ぐり見返し、袖ぐり見返し奥にMをかける。
※Mはロックまたはジグザグミシンの略

1　前後身頃のパネルラインを縫い合わせて割る。
2　後ろ中心のあき止りからスリット止りまで縫い、コンシールファスナーをつける。→p.35・5
3　身頃、衿ぐり見返し、袖ぐり見返しの肩をそれぞれ縫う（縫い代は割る）。
4　袖ぐり見返しをつける。→p.45・3, 4
5　身頃の脇を縫い（袖ぐり見返しの脇まで続けて縫う）、割る。
6　裾と後ろ裾スリットを折ってまつる。→図
7　ケープの周囲を三つ折りにしてステッチをかける。→図
8　ケープを身頃と衿ぐり見返しにはさんで衿ぐりを縫い表に返す。→図
9　見返しを肩、脇、パネルライン、後ろ中心の縫い代に縫いとめる。→図
0　スプリングホックをつける。

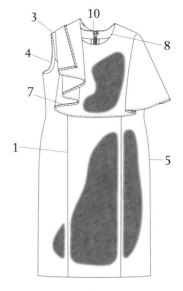

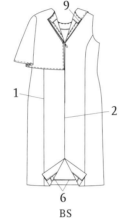

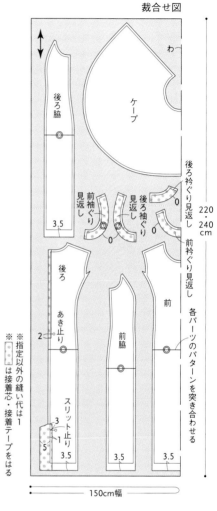

出来上り寸法　　　（単位はcm）

サイズ	7号	9号	11号	13号	15号
バスト	92.5	96.5	100.5	104.5	108.5
ウエスト	88	92	96	100	104
ヒップ	99.5	103.5	107.5	111.5	115.5
着丈	100	101.5	103	104.5	106

6

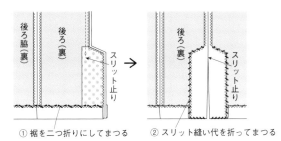

7

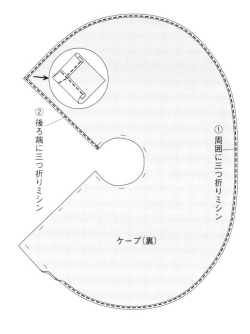

8

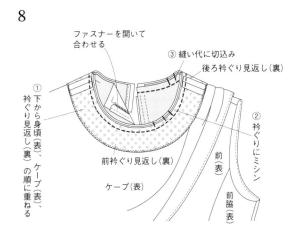

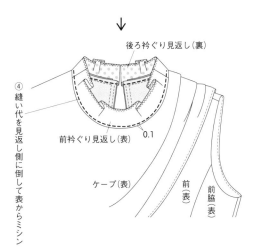

9

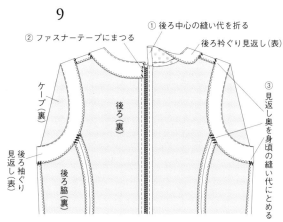

C ▶page 6

● 必要なパターン（1面）
前、後ろ、左右ボー、袖
※前衿ぐり見返し、後ろ衿ぐり見返しは、写しとった前身頃、後ろ身頃の衿ぐりから内側3.5cm平行に引いてパターンを作ります。→p.30

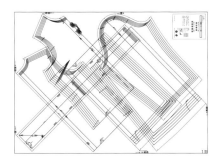

● 材料
表布（ジャカード）＝112cm幅
　（7〜11号）2m95cm、（13、15号）3m15cm
別布（サテン）＝112cm幅75cm
接着芯（衿ぐり見返し）＝90cm幅15cm
接着テープ＝1.2cm幅1m30cm
コンシールファスナー＝56cm1本
ボタン＝直径1cm2個

● 作り方
準備：衿ぐり見返しに接着芯を、ファスナーあきの縫い代に接着テープをはる。衿ぐりを除く縫い代、前後衿ぐり見返し奥にMをかける。
※Mはロックまたはジグザグミシンの略

1 前身頃のダーツを縫う（縫い代は上に倒す）。→図
2 後ろ中心のあき止りから裾まで縫い、コンシールファスナーをつける。→p.35・5
3 身頃、衿ぐり見返しの肩、脇をそれぞれ縫う（縫い代は割る）。
4 裾を二つ折りにしてまつる。
5 袖を作る。→p.38・5
6 袖をつける。→p.38・6
7 左右のボーをそれぞれボーつけ止りまで縫い、表に返す。→図
8 左右のボーを身頃と衿ぐり見返しではさんで衿ぐりを縫い、表に返す。→図
9 見返しを肩、後ろ中心の縫い代に縫いとめる。→図
10 ボーを二つに折って後ろ端の角をとめる。糸ループを作り、ボタンをつける。→図

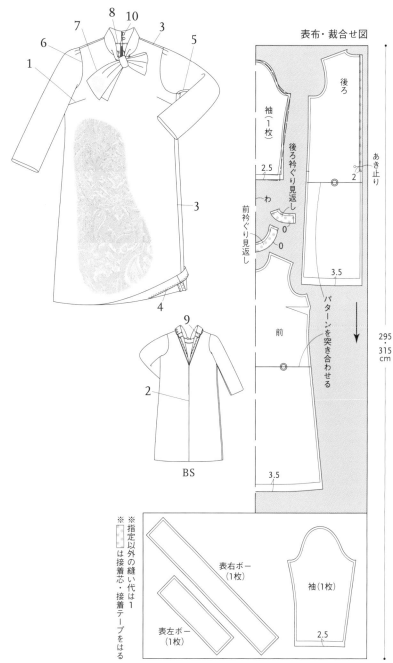

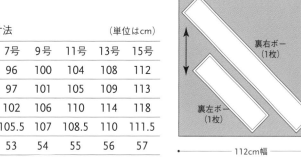

サイズ	7号	9号	11号	13号	15号
バスト	96	100	104	108	112
ウエスト	97	101	105	109	113
ヒップ	102	106	110	114	118
着丈	105.5	107	108.5	110	111.5
袖丈	53	54	55	56	57

出来上り寸法（単位はcm）

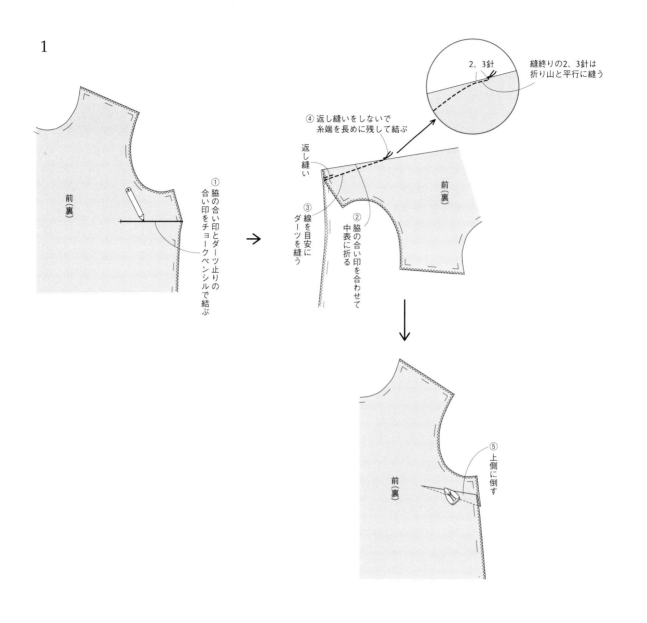
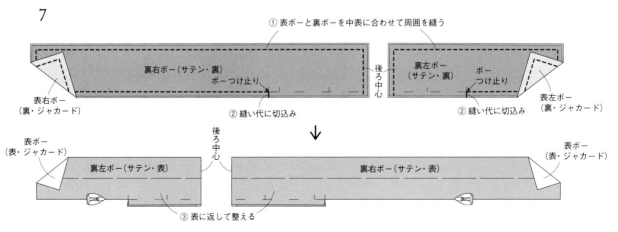

8

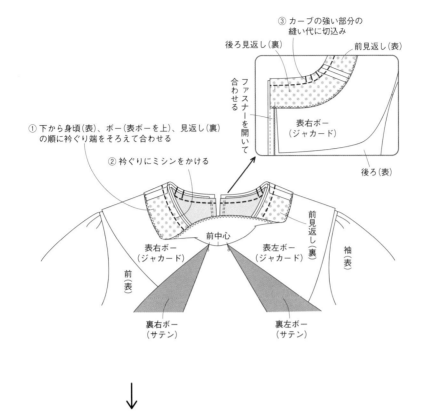

↓

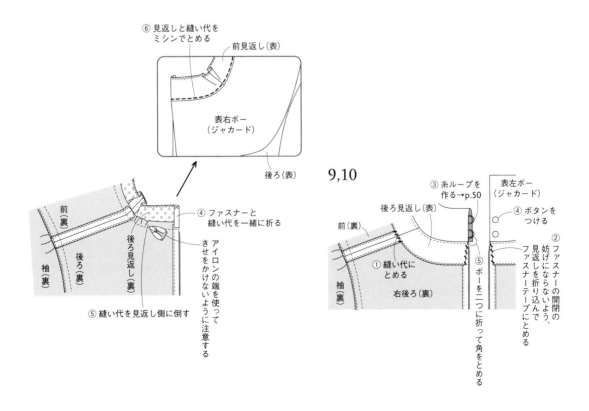

D ▶ page 8

BS

● **必要なパターン**(2面)
前、前脇、後ろ、後ろ脇、前後スカート
※前衿ぐり見返し、後ろ衿ぐり見返し、前袖ぐり見返し、後ろ袖ぐり見返しは、写しとった前身頃、後ろ身頃の衿ぐりと袖ぐりから内側3.5cm平行に引いてパターンを作ります。袖ぐり見返しは前後ともパネルラインを突き合わせます。
→p.30

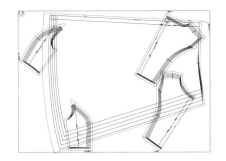

● **材料**
表布(ウールフロッキー)=154cm幅
　(7～11号)1m90cm、(13、15号)2m10cm
別布(別珍)=85cm幅
　(7～11号)80cm、(13、15号)90cm
裏打ち布(綿サテン)=110cm幅
　(7～11号)80cm、(13、15号)90cm
接着芯(衿ぐり見返し、袖ぐり見返し)
　=90cm幅30cm
コンシールファスナー=56cm1本

● **作り方**
準備：衿ぐり見返し、袖ぐり見返しに接着芯をはる。身頃の表布と裏打ち布を外表に合わせて各パーツの衿ぐり、袖ぐりを除く縫い代、見返し奥、スカートの縫い代にMをかける。→図
※Mはロックまたはジグザグミシンの略

1　前後身頃のパネルラインを縫う(縫い代は割る)。→図
2　身頃、衿ぐり見返し、袖ぐり見返しの肩をそれぞれ縫う(縫い代は割る)。
3　袖ぐり見返しをつける。→図
4　前後身頃の脇を縫う。このとき見返しの脇まで続けて縫う(縫い代は割る)。→図
5　スカートの脇、後ろ中心のあき止まりから裾まで縫う(縫い代は割る)。
6　スカートの上端にギャザーミシンをかけギャザーを寄せる(→図)。裾は二つ折りにして3cm幅のステッチをかける。
7　身頃とスカートのウエストを縫い合わせる(縫い代は身頃側に倒す)。→図
8　後ろ中心にコンシールファスナーをつける。→p.35・5
9　衿ぐり見返しをつける。→p.35・6
10　肩、脇、後ろ中心の縫い代に見返しを縫いとめる。→図

別布・裁合せ図

裏打ち布・裁合せ図

表布・裁合せ図

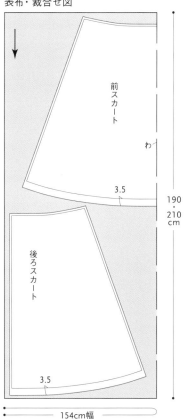

出来上り寸法 (単位はcm)

サイズ	7号	9号	11号	13号	15号
バスト	85	89	93	97	101
ウエスト	71	75	79	83	87
ヒップ	173	177	181	185	189
着丈	111	112.5	114	115.5	117

準備

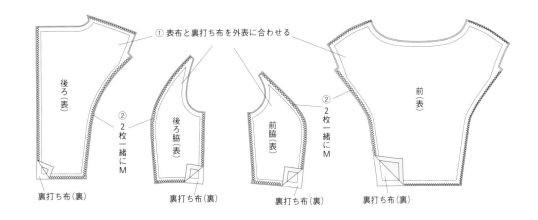

1

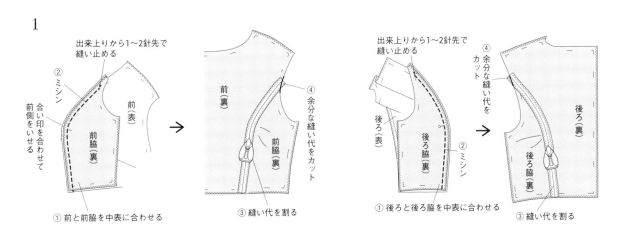

3,4

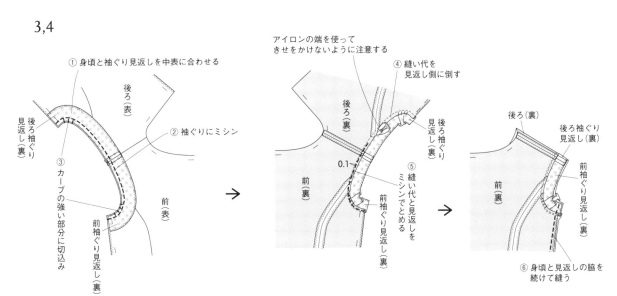

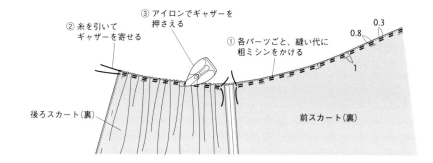
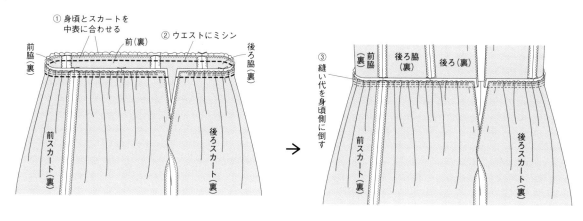
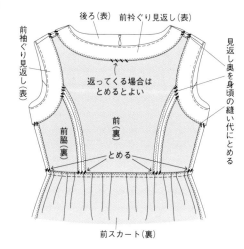
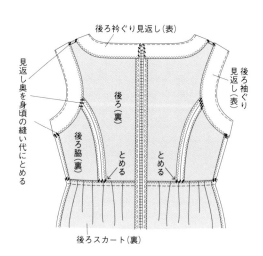

E ▶ page 11

● 必要なパターン（1面）
前、前脇、後ろ、後ろ脇、袖、衿
※前衿ぐり見返し、後ろ衿ぐり見返しは、写しとった前身頃、後ろ身頃の衿ぐりから内側3.5cm平行に引いてパターンを作ります。→p.30

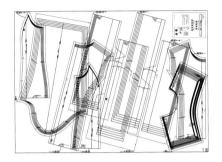

● 材料
表布（ハイブリッドストレッチ）＝112cm幅
　（7～11号）2m80cm、（13、15号）3m
別布（コーマバーバリー）＝112cm幅50cm
接着芯（衿ぐり見返し、表衿）＝90cm幅50cm
接着テープ＝1.2cm幅1m30cm
グログランリボン＝1.5cm幅
　（7～11号）1m30cm、（13、15号）1m50cm
コンシールファスナー＝56cm1本
ボタン＝直径1cm3個

● 作り方
準備：衿ぐり見返し、表衿に接着芯を、ファスナーあきの縫い代に接着テープをはる。各パーツの衿ぐり、袖ぐり、袖山を除く縫い代、見返し奥にMをかける。
※Mはロックまたはジグザグミシンの略

1　後ろ中心のあき止りから裾まで縫う。→図
2　脇を縫う（縫い代は割る）。
3　裾を出来上りに二つ折りにしてまつる。→図
4　前後身頃のパネルラインを縫う（縫い代は中心側に倒す）。プリーツの折り目をつける。→図
5　コンシールファスナーをつける。→p.35・5
6　身頃、見返しの肩をそれぞれ縫う（縫い代は割る）。
7　衿ぐりを見返しで縫い返す。見返しを肩、後ろ中心の縫い代に縫いとめる。→p.35・6
8　袖下を縫う（縫い代は割る）。袖口を二つ折りにしてまつる。袖山の縫い代に粗ミシンをかけ、糸を引いて袖ぐり寸法にいせる。→図
9　袖をつける（縫い代は2枚一緒にMをかけ、袖側に倒す）。→図
10　表衿にグログランリボンをミシンでつける。→図
11　衿回りを縫い、表に返す。ボタンをつける。糸ループを作る。→図

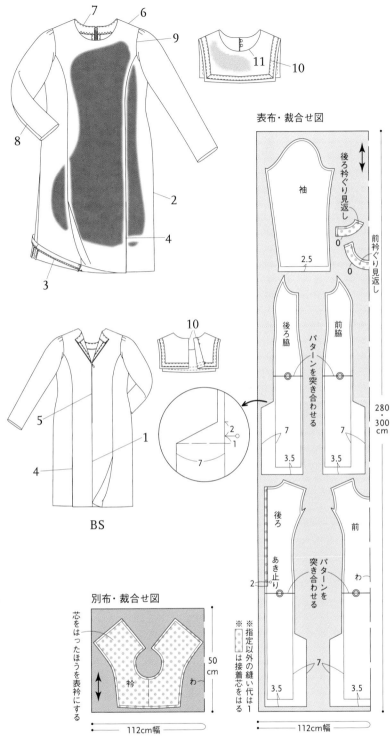

出来上り寸法 （単位はcm）

サイズ	7号	9号	11号	13号	15号
バスト	92.5	96.5	100.5	104.5	108.5
ウエスト	88	92	96	100	104
ヒップ	99.5	103.5	107.5	111.5	115.5
着丈	100	101.5	103	104.5	106
袖丈	55.5	56.5	57.5	58.5	59.5

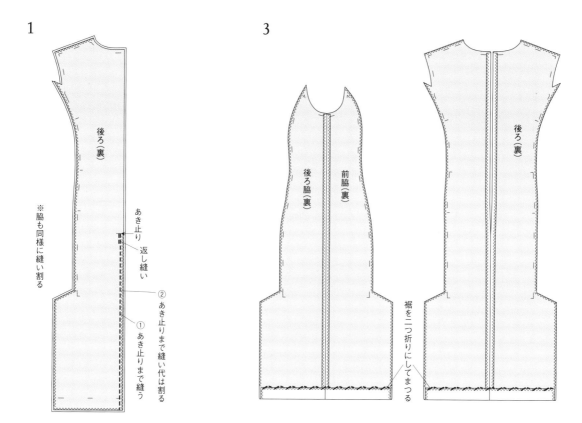
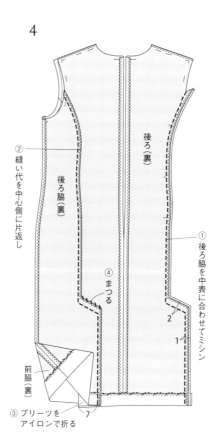

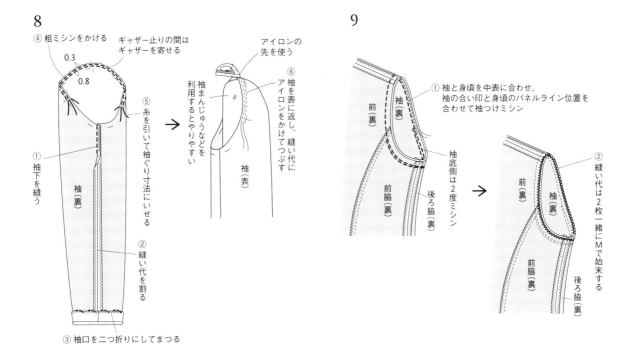

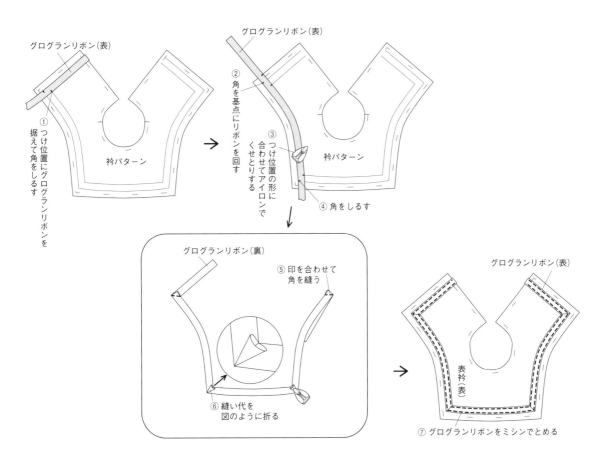

11

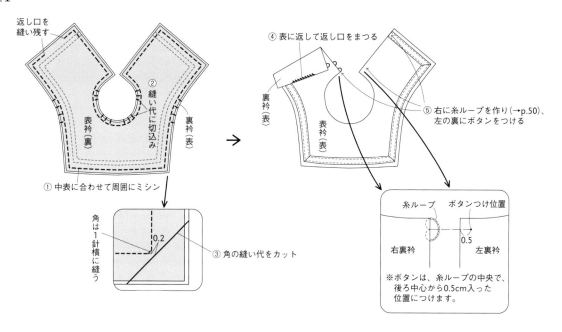

糸ループの作り方

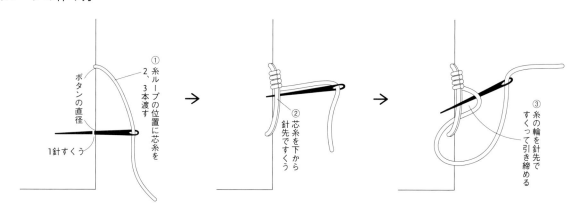

G ► page 13

○ 必要なパターン（2面）
前、後ろ、前衿、後ろ衿、袖、袖フリル
※前衿ぐり見返し、後ろ衿ぐり見返しは、写しとった前身頃、後ろ身頃の衿ぐりから内側3.5cm平行に引いてパターンを作ります。→p.30

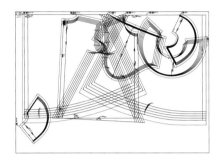

○ 材料
表布（スパンサテンワッシャー）＝145cm幅
（7〜11号）2m70cm、（13、15号）2m90cm
接着芯（衿ぐり見返し）＝90cm幅15cm
ボタン＝直径1cm1個

○ 作り方
準備：前後衿ぐり見返しに接着芯をはる。後ろ中心の縫い代にMをかける。
※Mはロックまたはジグザグミシンの略

1　肩、脇をそれぞれ縫う（縫い代は2枚一緒にMをかけ、後ろ側に倒す）。後ろ中心の裾からあき止りまでを縫う（縫い代は割る）。
2　裾にMをかけ、二つ折りにして2cm幅のステッチをかける。
3　衿ぐり見返しの肩を縫う（縫い代は割り、見返し奥にMをかける）。
4　表衿と裏衿の前後の切替えを縫う（縫い代は割る）。表衿と裏衿を中表に合わせて縫い返す。→図
5　衿を身頃と衿ぐり見返しではさんで衿ぐりを縫い、表に返す。後ろあきにステッチをかける。→図
6　袖下を縫う（縫い代は2枚一緒にMをかけ、後ろ側に倒す）。表袖フリルと裏袖フリルの袖下を縫う（縫い代は割る）。表袖フリルと裏袖フリルを中表に合わせて縫い返す。袖口に袖フリルをつける（縫い代は3枚一緒にMをかけ、袖側に倒す）。袖山に粗ミシンをかけてつけ寸法にギャザーを寄せる。→図
7　袖をつける（縫い代は2枚一緒にMをかけ、袖側に倒す）。→図
8　見返しを肩の縫い代に縫いとめる。→p.43・9, 10
9　右後ろに糸ループを作り（→p.50）、左後ろの見返しにボタンをつける。

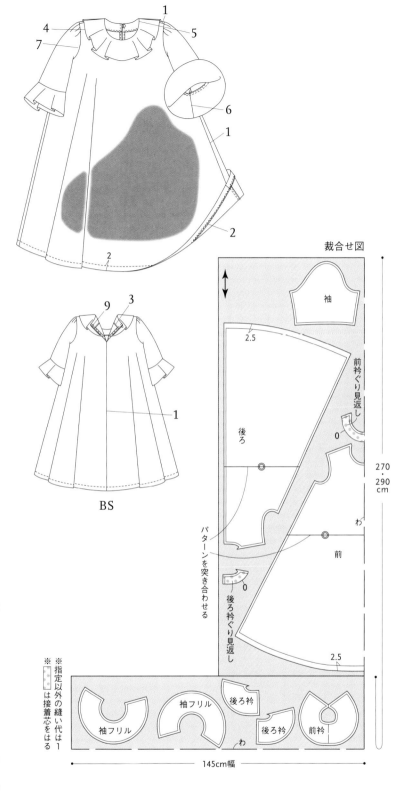

裁合せ図

出来上り寸法　（単位はcm）

サイズ	7号	9号	11号	13号	15号
バスト	95.5	99.5	103.5	107.5	111.5
着丈	100.5	102	103.5	105	106.5
袖丈	36.5	37	37.5	38	38.5

4

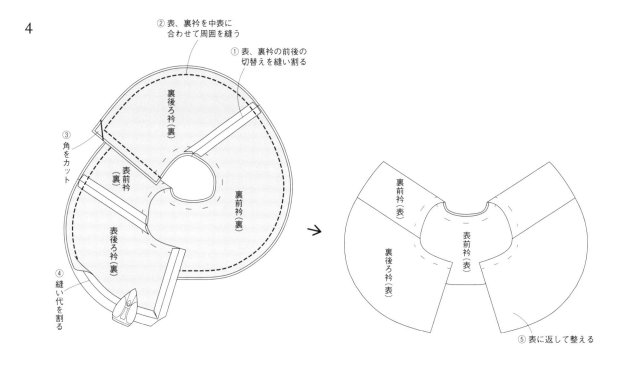

5

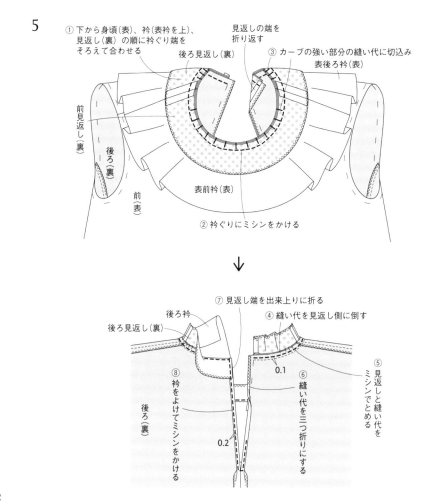

6

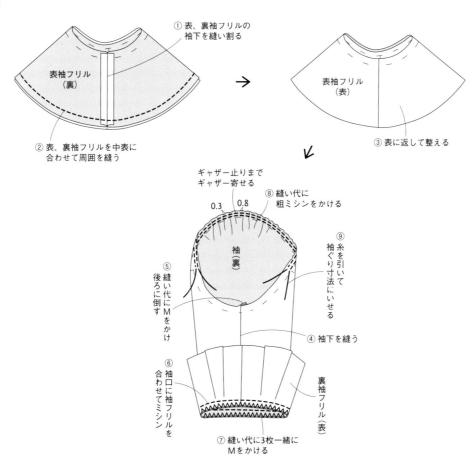

7

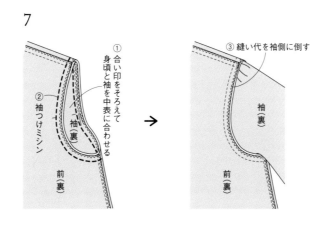

H ▶page 14

● 必要なパターン（3面）
前、前脇、後ろ、後ろ脇
※前衿ぐり見返し、後ろ衿ぐり見返し、前袖ぐり見返し、後ろ袖ぐり見返しは、写しとった各身頃の衿ぐり、袖ぐりからそれぞれ内側3.5cm平行に引いてパターンを作ります。→p.30

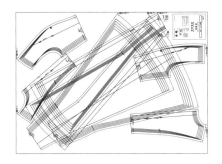

● 材料
表布（ウールジャカード）=150cm幅
　（7～11号）2m40cm、（13、15号）2m60cm
接着芯（衿ぐり見返し、袖ぐり見返し）
　=90cm幅30cm
接着テープ=1.2cm幅1m30cm
コンシールファスナー=56cm1本

● 作り方
準備：衿ぐり見返し、袖ぐり見返しに接着芯をはる。ファスナーあきの縫い代に接着テープをはる。各身頃のパネルライン、衿ぐり、袖ぐりを除く縫い代、見返し奥にMをかける。
※Mはロックまたはジグザグミシンの略

1. 前後身頃のパネルラインを縫う（縫い代に2枚一緒にMをかけ、中心側に倒してステッチをかける）。→図
2. 身頃、衿ぐり見返し、袖ぐり見返しの肩をそれぞれ縫う（縫い代は割る）。
3. 袖ぐりを見返しで縫い返す。→図
4. 身頃と袖ぐり見返しの脇を続けて縫う（縫い代は割る）。→図
5. 後ろ中心の裾からあき止まりまで縫い、あきにコンシールファスナーをつける。→p.35・5
6. 衿ぐりを見返しで縫い返す。p.35・6
7. 裾を出来上りに二つ折りにして2cm幅のステッチをかける。→p.62・5
8. 見返しを肩、脇、パネルライン、後ろ中心の縫い代に縫いとめる。→p.46・10

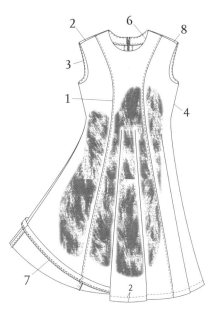

BS

裁合せ図

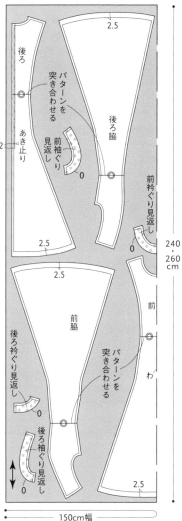

出来上り寸法　（単位はcm）

サイズ	7号	9号	11号	13号	15号
バスト	84	88	92	96	100
ウエスト	68	72	76	80	84
ヒップ	100	104	108	112	116
着丈	107.5	109	110.5	112	113.5

1

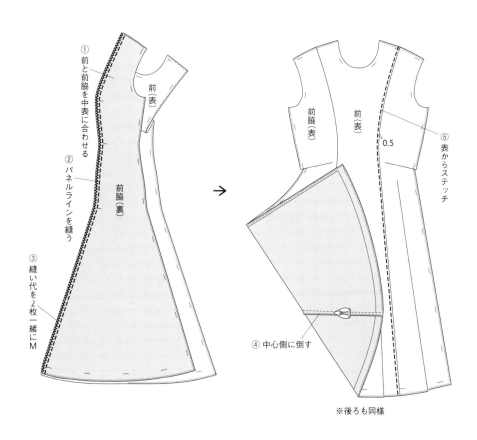

3,4

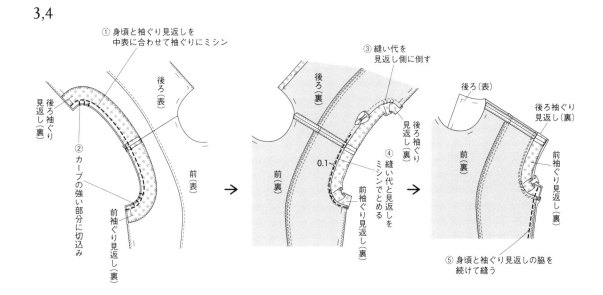

I ▶ page 17

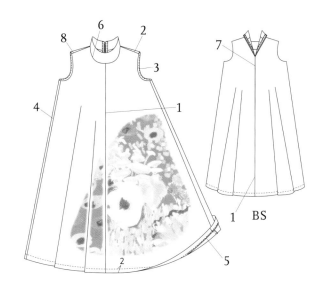

● 必要なパターン(2面)
前、後ろ、衿
※前袖ぐり見返し、後ろ袖ぐり見返しは、写しとった前身頃、後ろ身頃の袖ぐりから内側3.5cm平行に引いてパターンを作ります。→p.30

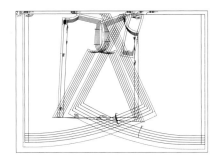

● 材料
表布(リバティタナローン)＝108cm幅
　(7～11号)4m、(13、15号)4m30cm
接着芯(表衿、袖ぐり見返し)
　＝90cm幅30cm
接着テープ＝1.2cm幅1m30cm
コンシールファスナー＝56cm1本

● 作り方
準備：表衿、前後袖ぐり見返しに接着芯を、ファスナーあきの縫い代に接着テープをはる。身頃と衿の後ろ中心にMをかける。
※Mはロックまたはジグザグミシンの略

1. 前中心を縫う(縫い代は2枚一緒にMをかけ右身頃側に倒す)。後ろ中心をあき止りまで縫う(縫い代は割る)。
2. 身頃の肩を縫う(縫い代は2枚一緒にMをかけ、後ろ側に倒す)。袖ぐり見返しの肩を縫う(縫い代は割り、見返し奥にMをかける)。
3. 袖ぐりを袖ぐり見返しで縫い返す。→p.55・3, 4
4. 身頃と袖ぐり見返しの脇を続けて縫う(縫い代は2枚一緒にMをかけ、後ろ側に倒す)。
5. 裾にMをかけ二つ折りにして2cm幅のステッチをかける。
6. 裏衿のつけ側を出来上りに折る。表衿、裏衿を中表に合わせて上端を縫い表に返す。身頃と表衿を縫う。縫い代を衿側に倒し、裏衿をまつる。→図
7. 後ろ中心(衿の上端まで)にコンシールファスナーをつける。ファスナーテープの上端を内側に折ってまつる。→図
8. 袖ぐり見返しを肩、脇の縫い代に縫いとめる。

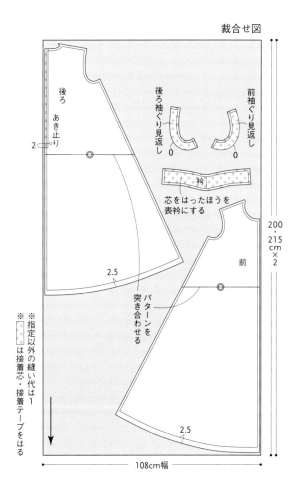

裁合せ図

出来上り寸法 (単位はcm)

サイズ	7号	9号	11号	13号	15号
バスト	95.5	99.5	103.5	107.5	111.5
着丈	113.5	115	116.5	118	119.5

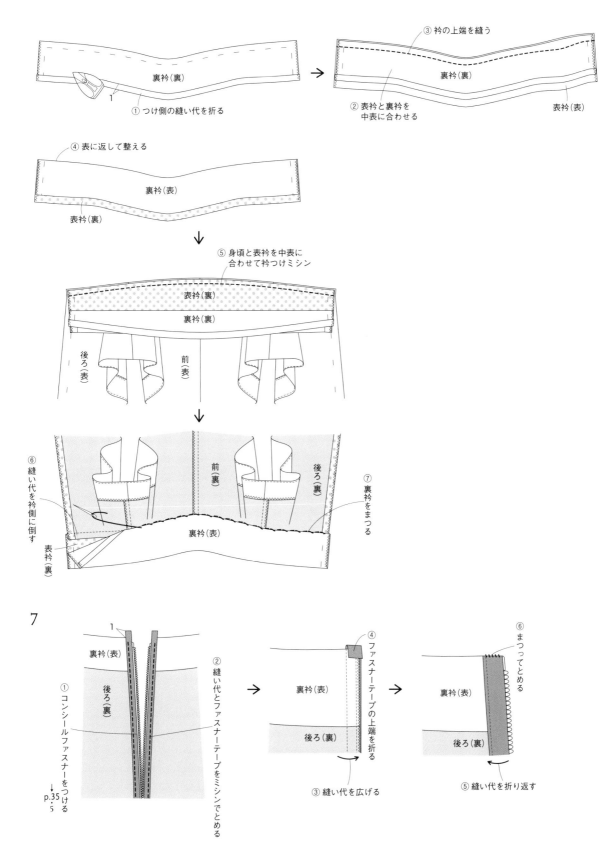

J ▶page 18

○ **必要なパターン**(3面)
前、後ろ、前後スカート、ウエストベルト

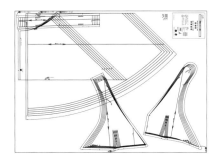

○ **材料**
表布(ブラッシングデニム)=112cm幅
　(7〜11号)2m90cm、(13、15号)3m20cm
別布(綿ブロード)=112cm幅
　(7〜11号)90cm、(13、15号)1m
接着芯(表ウエストベルト)=10×90cm
接着テープ=1.2cm幅1m
コンシールファスナー=56cm1本
飾りボタン=直径4cm2個

○ **作り方**
準備:表ウエストベルトに接着芯を、ファスナーあきの縫い代に接着テープをはる。スカートの縫い代にMをかける。
※Mはロックまたはジグザグミシンの略

1. 表身頃、裏身頃を中表に合わせて衿ぐり、袖ぐりを縫い返す。衿ぐり、袖ぐりにステッチをかける。→図
2. 表身頃、裏身頃を合わせて2枚一緒にダーツを縫う(中心側に倒す)。→図
3. 裏ウエストベルトの下端を出来上りに折る。表、裏ウエストベルトで身頃をはさんでウエストを縫う(縫い代は下側に倒す)。ステッチをかける。→図
4. スカートの脇と後ろ中心の裾からあき止りまでを縫う(縫い代は割る)。→図
5. 裾を二つ折りにしてステッチをかける。→図
6. スカートと表ウエストベルトを縫う(縫い代は上側に倒す)。裏ウエストベルトを重ねてステッチをかける(後ろ中心の縫い代にMをかける)。→図
7. コンシールファスナーをつける。→図
8. 前後の肩を重ねてボタンでとめる。→図

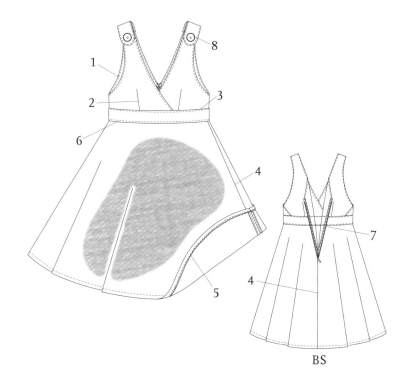

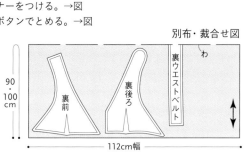

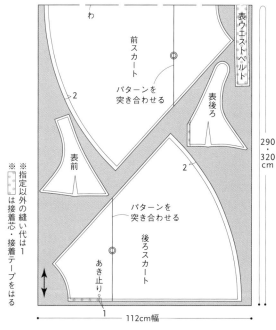

出来上り寸法 (単位はcm)

サイズ	7号	9号	11号	13号	15号
バスト	83	87	91	95	99
ウエスト	72.5	76.5	80.5	84.5	88.5
ヒップ	141	145	149	153	157
着丈	110.5	112	113.5	115	116.5

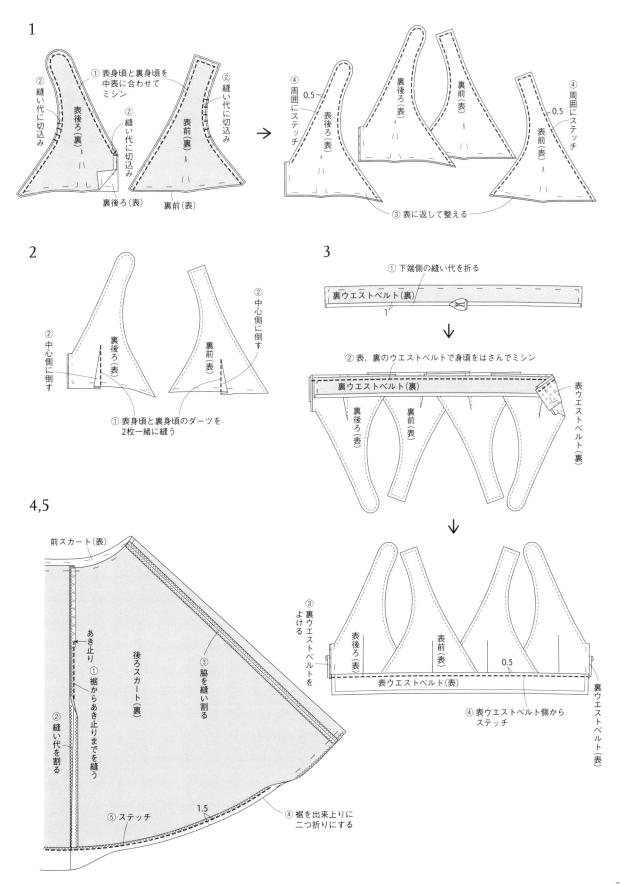

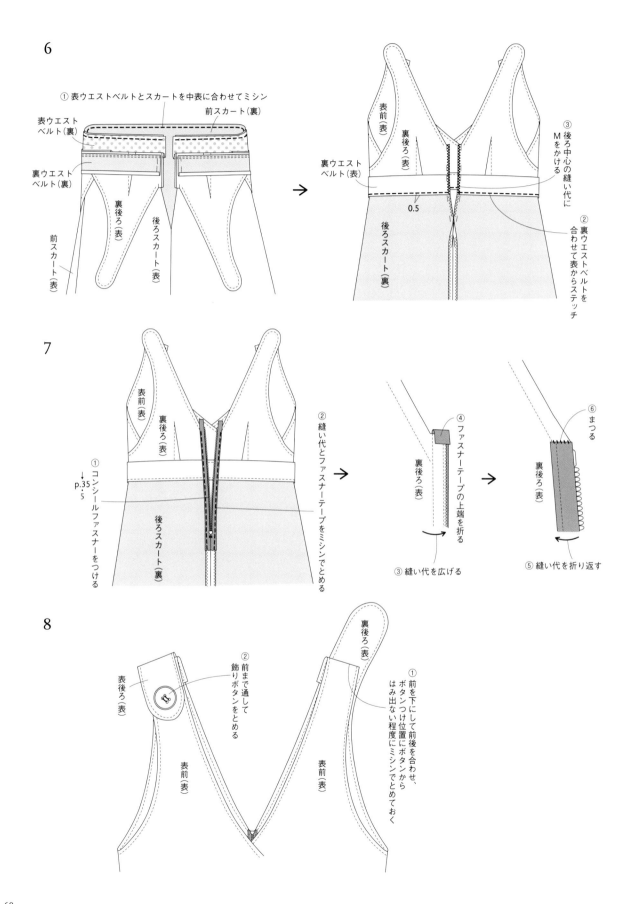

K ▶ page 19

● **必要なパターン**（4面）
前、前脇、後ろ、後ろ脇
※前衿ぐり見返し、後ろ衿ぐり見返し、前袖ぐり見返し、後ろ袖ぐり見返しは、写しとった前身頃、後ろ身頃の衿ぐり、袖ぐりから内側3.5cm平行に引いてパターンを作ります。→p.30

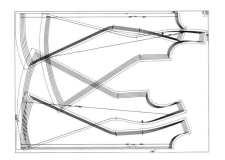

● **材料**
表布（麻混デニム）＝150cm幅
　（7～11号）2m10cm、（13、15号）2m30cm
接着芯（衿ぐり見返し、袖ぐり見返し）＝90cm幅30cm
接着テープ＝1.2cm幅1m80cm
オープンファスナー＝7号77cm、9号78cm、11号79cm、13号80cm、15号81cm1本（3cm幅のもの使用）
黒のミシン糸

● **作り方**
準備：衿ぐり見返し、袖ぐり見返しに接着芯を、ファスナーあきの縫い代に接着テープをはる。前端と脇の縫い代にMをかける。
※Mはロックまたはジグザグミシンの略

1 前後身頃のパネルラインを縫う（縫い代に2枚一緒にMをかけ、中心側に倒して黒のミシン糸で0.5cm幅のステッチをかける）。
2 肩の縫い代にMをかける。身頃、衿ぐり見返し、袖ぐり見返しの肩をそれぞれ縫う（縫い代は割り、見返し奥にMをかける）。
3 袖ぐりを袖ぐり見返しで縫い返す。→p.55・3, 4
4 身頃と袖ぐり見返しの脇を続けて縫う（縫い代は割る）。
5 裾にMをかける。縫い代端に粗ミシンをかけてギャザーを寄せる。裾を出来上りに二つ折りにして2cm幅のステッチをかける。→図
6 オープンファスナーをつける。→図
7 衿ぐりを衿ぐり見返しで縫い返す。→図
8 見返しを前中心、肩、脇、パネルラインの縫い代に縫いとめる。→図

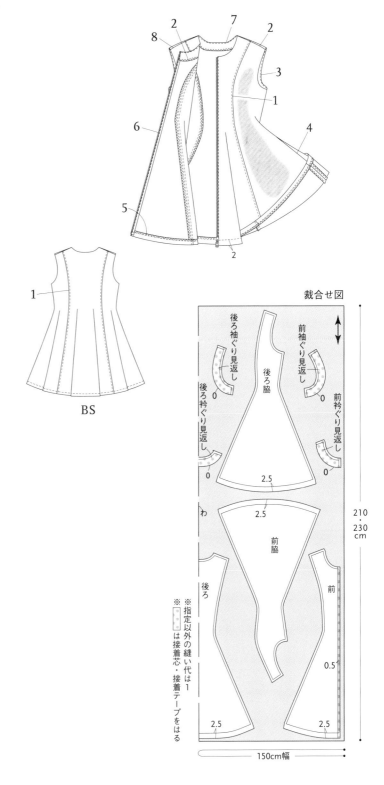

裁合せ図

出来上り寸法　（単位はcm）

サイズ	7号	9号	11号	13号	15号
バスト	84	88	92	96	100
ウエスト	68.5	72.5	76.5	80.5	84.5
ヒップ	160	164	168	172	176
着丈	81.5	82.5	83.5	84.5	85.5

5

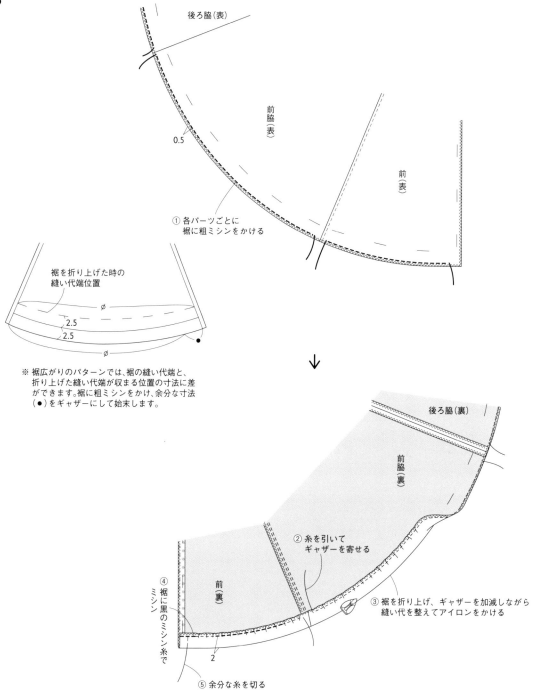

6

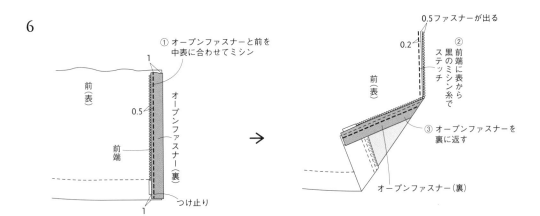

7,8

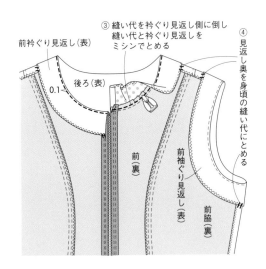

L ▶page 20

● 必要なパターン(4面)
前、後ろ、前後スカート、前後ベルト、衿、袖

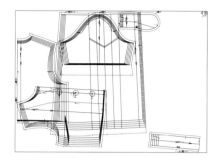

● 材料
表布(ギンガムチェック)=150cm幅
(7～11号)2m10cm、(13、15号)2m30cm
接着芯(表衿、前見返し、表前ベルト、表後ろベルト)=90cm幅60cm
ボタン=直径2.8cm3個

● 作り方
準備:表衿、前見返し、表前後ベルトに接着芯をはる。前後スカートの裾、見返しの肩と奥にMをかける。
※Mはロックまたはジグザグミシンの略

1. 前後スカートの裾を二つ折りにする。プリーツを縫止りまで縫う。プリーツを折ってアイロンをかける。→図
2. 二つ折りにした裾をのばしてスカートの脇を縫う(縫い代は2枚一緒にMをかけ、後ろ側に倒す)。裾を二つ折りにして、2.5cm幅のステッチをかける。→図
3. 前身頃のダーツを縫う(縫い代は上側に倒す)。肩、脇を縫う(縫い代は2枚一緒にMをかけ、後ろ側に倒す)。
4. 袖口縫い代を表側に三つ折りにし、上下にステッチをかける。袖下を縫う(縫い代は2枚一緒にMをかけ、後ろ側に倒す)。袖山に粗ミシンをかけてつけ寸法にいせる。→図
5. 袖をつける(縫い代は2枚一緒にMをかけ、身頃側に倒す)。
6. 衿を作り、つける。→図
7. 表、裏ベルトの脇をそれぞれ縫う(縫い代は割る)。表、裏ベルトと身頃、スカートを縫い合わせる。→p.59・3、p.60・6
8. ボタンホールを作り、ボタンをつける。→p.78・8

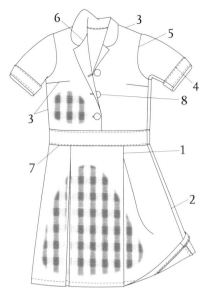

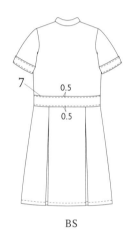

BS

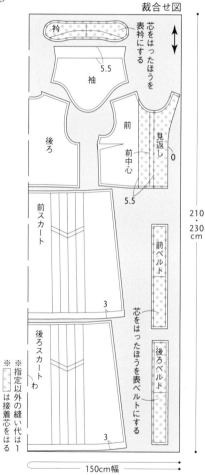

裁合せ図

出来上り寸法 (単位はcm)

サイズ	7号	9号	11号	13号	15号
バスト	92.5	96.5	100.5	104.5	108.5
ウエスト	92	96	100	104	108
ヒップ	97.5	101.5	105.5	109.5	113.5
着丈	103	104.5	106	107.5	109
袖丈	24.5	25	25.5	26	26.5

1,2

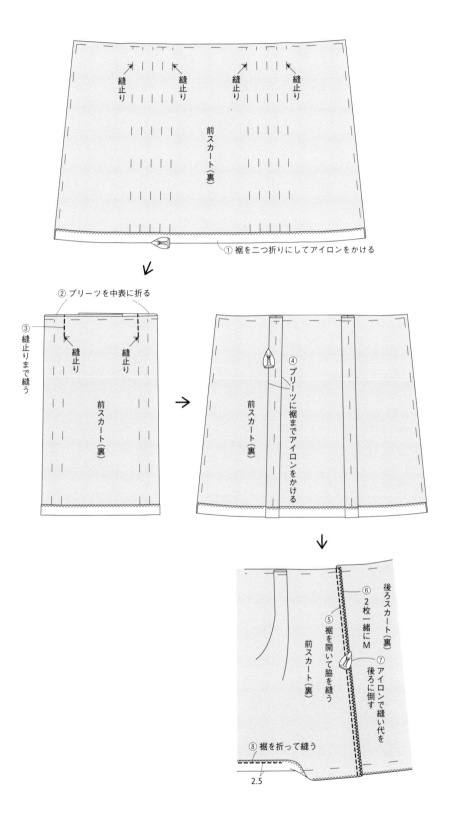

4

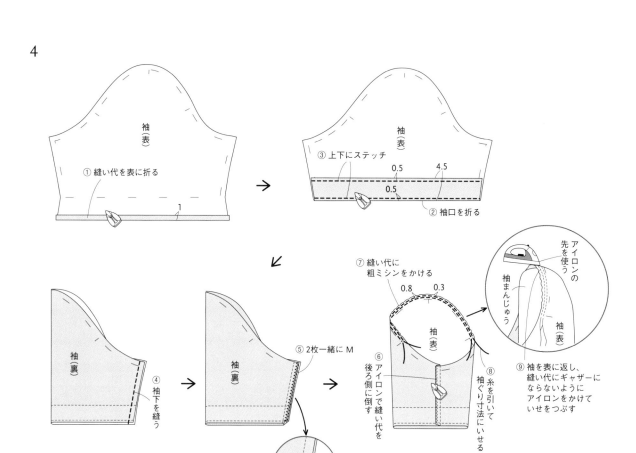

6

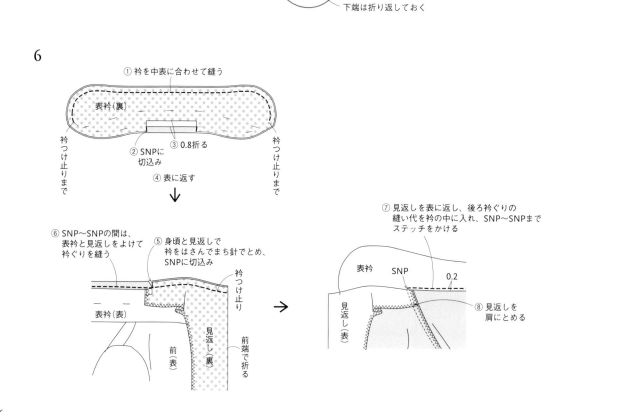

M ▶ page 22

● 必要なパターン（3面）
前、後ろ、ヨーク、上衿、台衿、袖、剣ボロ、下ボロ、カフス

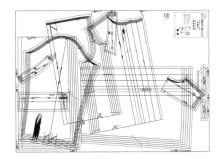

● 材料
表布（コーマバーバリー）＝112cm幅
　（7〜11号）3m、（13、15号）3m20cm
接着芯（表上衿、表・裏台衿、表カフス）
　＝90cm幅50cm
ボタン＝直径1.15cm11個

● 作り方
準備：表上衿、表・裏台衿、表カフスに接着芯をはる。脇のスリット止りから上10cmぐらいの縫い代にMをかける。
※Mはロックまたはジグザグミシンの略

1. 後ろのタックをたたんで上から5cmくらいをアイロンで折る。表・裏ヨークを中表に合わせ、前後身頃をはさんで縫う。表に返して身頃を引き出し、アイロンで整える。→図
2. 剣ボロをつけ、袖口のタックをたたむ。→図
3. 袖をつける（縫い代は2枚一緒にMをかけ、身頃側に倒す）。
4. 袖下から脇スリット止りまでを続けて縫う（縫い代は2枚一緒にMをかけ、後ろ側に倒す）。
5. 裏カフスの縫い代を0.8cm折る。カフスを縫い返し、表カフスをつける。裏カフスを合わせ、表からカフスつけの縫い目に落しミシンをかけてとめる。
6. 左右の前端裾を縫い返す。前端を整え、前後の裾を三つ折りにしてミシンをかける。右前端の比翼布奥をミシンでとめる。前あきのボタンホールを作り、比翼布を折る。比翼布のボタンホールの間を縫いとめる。比翼布の裾をまつる。→図
7. スリットを三つ折りにしてミシンをかける。
8. 上衿を縫い返す。裏台衿の身頃つけ側を出来上りに折る。表・裏台衿を中表に合わせ、上衿をはさんで縫い返す。→図
9. 表台衿を身頃につける（縫い代は台衿側に倒す）。裏台衿を合わせ、台衿の周囲にミシンをかける。→図
10. 台衿、カフスのボタンホールを作り、ボタンをつける。

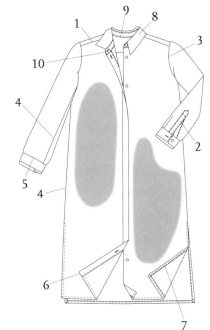

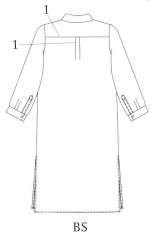

BS

裁合せ図

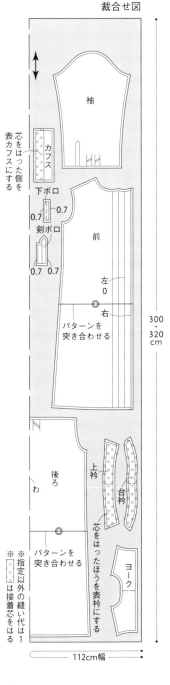

112cm幅

出来上り寸法 （単位はcm）

サイズ	7号	9号	11号	13号	15号
バスト	97	101	105	109	113
ウエスト	97.5	101.5	105.5	109.5	113.5
ヒップ	100.5	104.5	108.5	112.5	116.5
着丈	114	115.5	117	118.5	120
袖丈	57.5	58.5	59.5	60.5	61.5

1

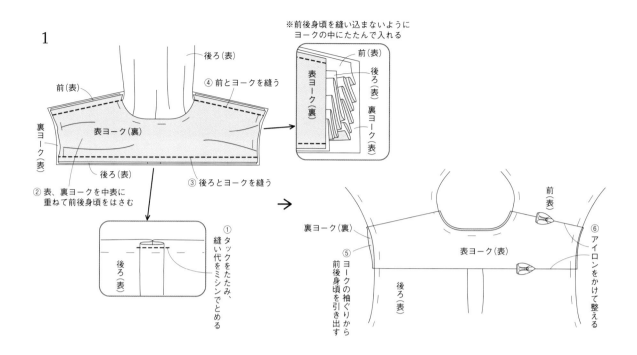

2

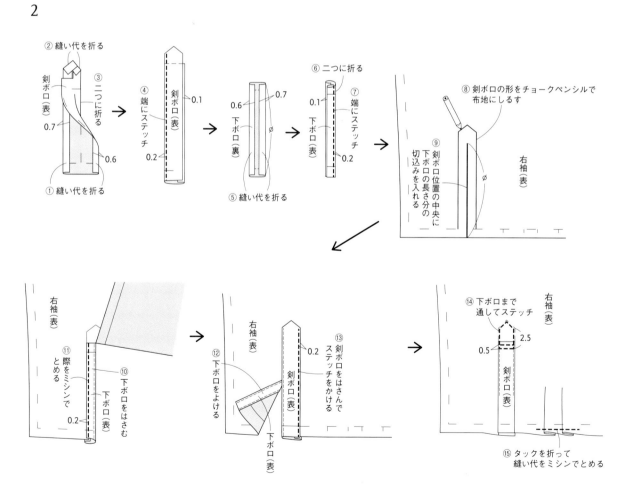

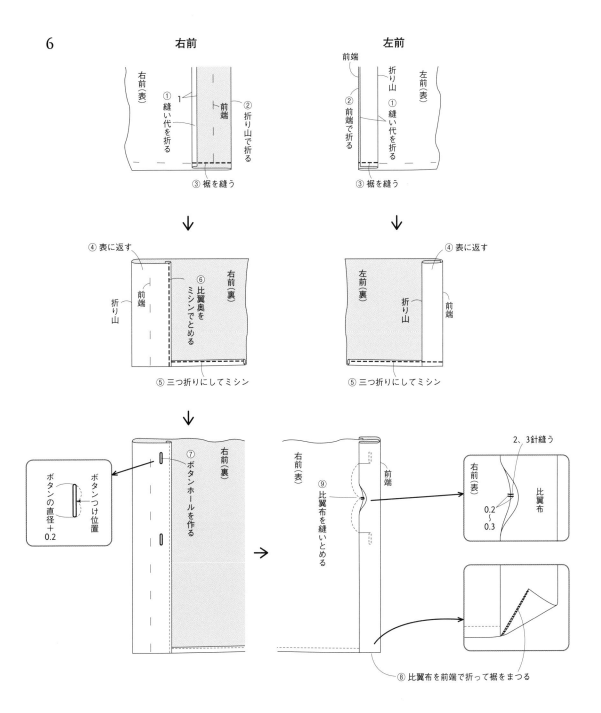

8,9

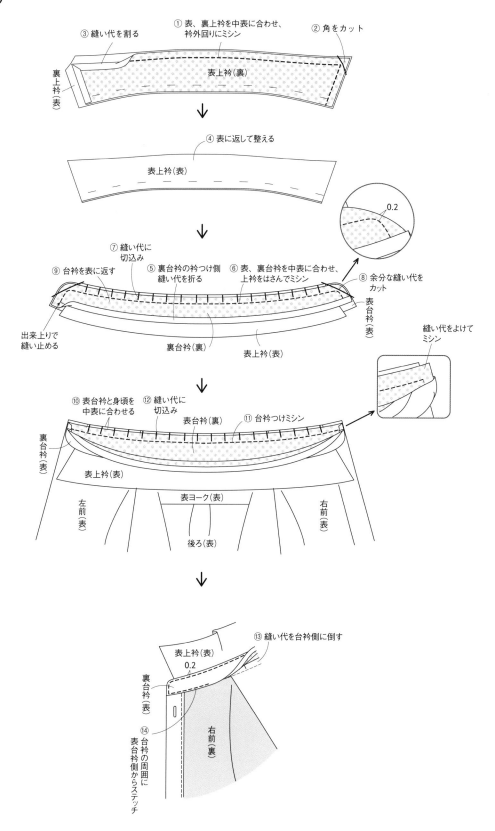

N ► page 24

● 必要なパターン（4面）
前、後ろ、前スカート、後ろスカート、前ベルト、後ろベルト、袖

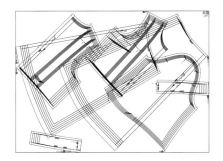

● 材料
表布（ソレイアード）＝110cm幅
　（7～11号）2m90cm、（13、15号）3m10cm
接着芯（後ろあき止り位置）＝10cm四方
レース＝5cm幅
　（7～11号）3m、（13、15号）3m20cm
バイアステープ（両折りタイプ）＝1.8cm幅
　（7～11号）2m60cm、（13、15号）3m

● 作り方
準備：後ろあき止り位置に接着芯をはる（→p.72・2）。身頃後ろ中心、スカート裾の縫い代にMをかける。
※Mはロックまたはジグザグミシンの略

1. 前身頃のダーツを縫う（上側に倒す）。
2. 後ろ中心のあき止りから下を縫う（縫い代は割る）。あきの縫い代を三つ折りにしてステッチをかける。→図
3. 身頃にレースをのせて両端をミシンでとめる。→図
4. 前後表ベルトの下端を出来上りに折る。前後それぞれ表、裏ベルトで身頃をはさんで上端を縫い、ベルトを表に返す。前後それぞれ裏ベルトとスカートを縫い合わせる（縫い代は上側に倒す）。表ベルトを重ねて表からミシンをかける。
5. ベルトにレースをのせて両端をミシンでとめる。→p.72・3
6. 肩、脇を縫う（縫い代は2枚一緒にMをかけ、後ろ側に倒す）。
7. 裾を二つ折りにして2cm幅のステッチをかける。
8. 袖下を縫う（縫い代は2枚一緒にMをかけ、後ろ側に倒す）。袖山、袖口に粗ミシンをかける。袖山はギャザーを寄せ、残りをつけ寸法にいせる。袖口はギャザーを寄せバイアステープで縁とりをする。→図
9. 袖をつける（縫い代は2枚一緒にMをかけ、袖側に倒す）。
10. 衿ぐりをバイアステープで縁とりをする。後ろ中心から65cmバイアステープを出しておき、端を三つ折りにしてまつる。→図

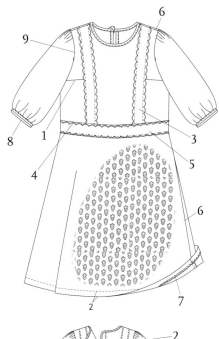

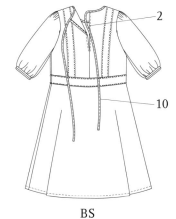

BS

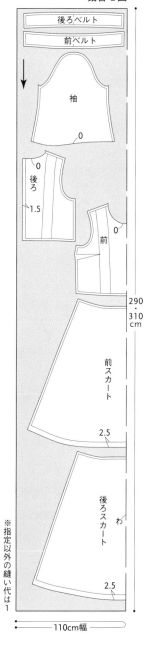

裁合せ図

※指定以外の縫い代は1

110cm幅

出来上り寸法　（単位はcm）

サイズ	7号	9号	11号	13号	15号
バスト	92.5	96.5	100.5	104.5	108.5
ウエスト	92.5	96.5	100.5	104.5	108.5
ヒップ	109	113	117	121	125
着丈	107.5	109	110.5	112	113.5
袖丈	42.4	43.2	44	44.8	45.6
袖口	23.5	24	24.5	25	25.5

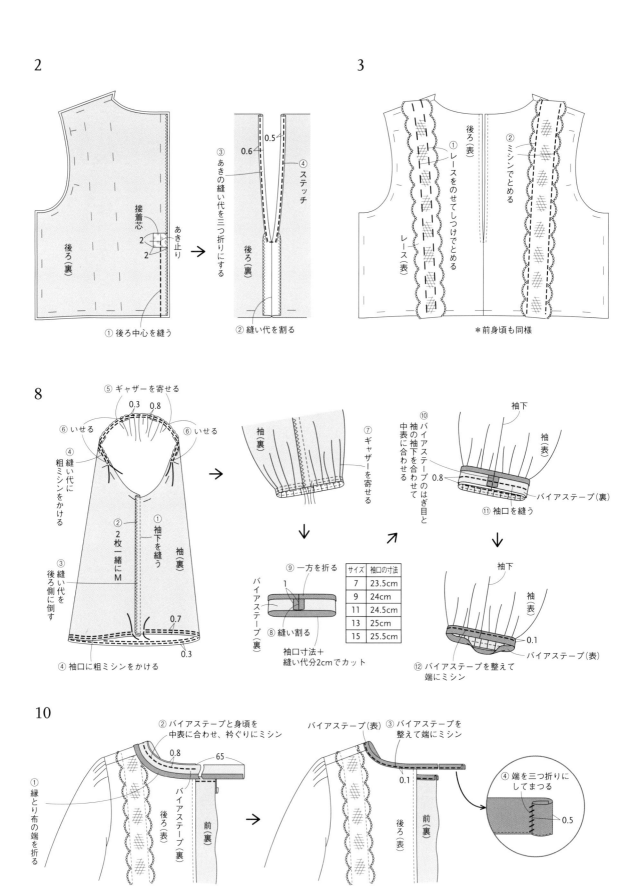

O ▶ page 25

● 必要なパターン(2面)
前、後ろ、前後スカート、衿、袖

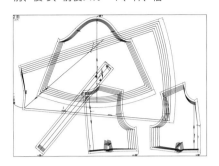

● 材料
表布(リバティタナローン)=108cm幅
　(7～11号)3m40cm、(13、15号)3m60cm
接着テープ=1.2cm幅1m60cm
コンシールファスナー=56cm1本
スプリングホック(カギのみ)=1個

● 作り方
準備：ファスナーあき、前あきの縫い代に接着テープをはる。身頃の前後中心、スカートの後ろ中心の縫い代にMをかける。
※Mはロックまたはジグザグミシンの略

1 前後身頃のタックをたたむ。前身頃の前中心をあき止りまで縫う(縫い代は割る)。あきの部分を出来上りに折ってステッチをかける。→図
2 身頃の肩、脇を縫う(縫い代は2枚一緒にMをかけ、後ろ側に倒す)。
3 スカートの脇を縫う(縫い代は2枚一緒にMをかけ、後ろ側に倒す)。後ろ中心のあき止りから裾までを縫う(縫い代は割る)。
4 裾にMをかけ、二つ折りにして2cm幅のステッチをかける。
5 身頃とスカートのウエストを縫い合わせる(縫い代は2枚一緒にMをかけ、身頃側に倒す)。
6 後ろ中心にコンシールファスナーをつける。→p.35・5
7 袖下を縫う(縫い代は2枚一緒にMをかけ、後ろ側に倒す)。袖口を三つ折りにして1.5cm幅のステッチをかける。袖山に粗ミシンをかけてつけ寸法にいせる。
8 袖をつける(縫い代は2枚一緒にMをかけ、袖側に倒す)。
9 衿のつけ止りから先を縫い返す。衿を身頃につける。→図
10 糸ループを作り、スプリングホックをつける。→図

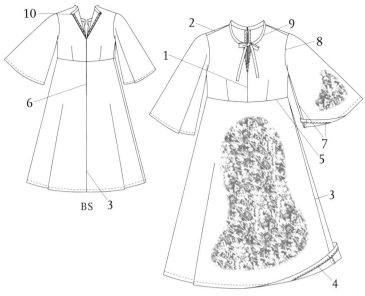

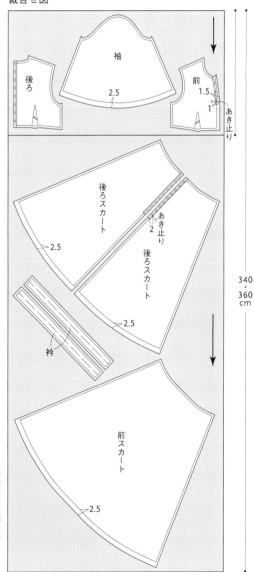

裁合せ図

出来上り寸法					(単位はcm)
サイズ	7号	9号	11号	13号	15号
バスト	84	88	92	96	100
ウエスト	72	76	80	84	88
ヒップ	113.5	117.5	121.5	125.5	129.5
着丈	104.5	106	107.5	109	110.5
袖丈	40	41	42	43	44

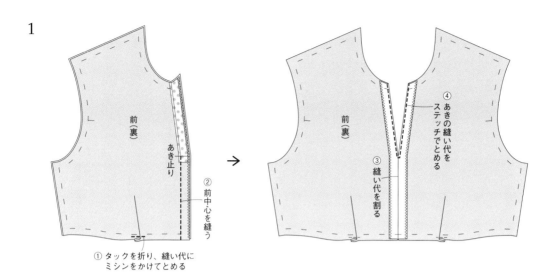

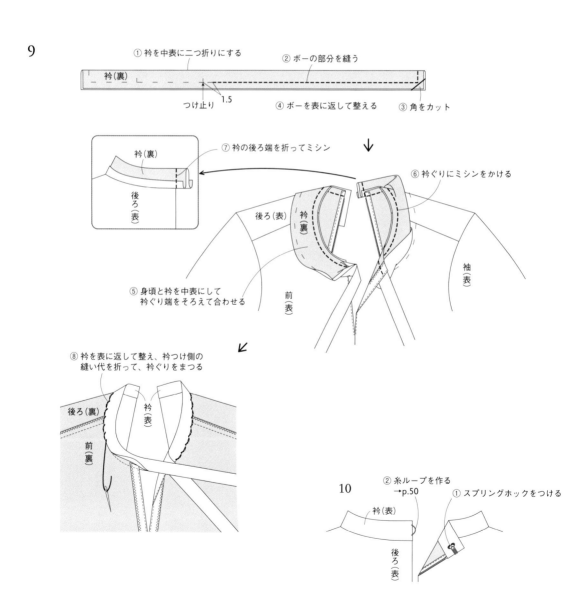

► page 27

● **必要なパターン**（4面）
前、前脇、後ろ、後ろ脇、前スカート、前脇スカート、後ろスカート、後ろ脇スカート、外袖、内袖、表衿、裏衿
※後ろ衿ぐり見返しは、写しとった後ろ身頃の衿ぐりから内側3cm平行に引いてパターンを作ります。→p.30
前見返しは、前身頃と前スカートの見返し線を写しとり、突き合わせてパターンを作ります。

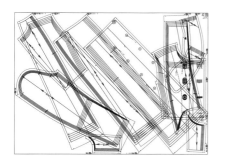

● **材料**
表布（グログラン）＝137cm幅
　（7～11号）2m60cm、（13、15号）2m80cm
別布（別珍）＝85cm幅35cm
接着芯（表衿、裏衿、前後見返し）＝90cm幅
　（7～11号）1m10cm、（13、15号）1m20cm
くるみボタン＝直径2.3cm8個
ボタン（右内かけボタン）＝直径2.3cm1個
スナップ＝直径1.4cm4組み

● **作り方**
準備：表衿、裏衿、前後見返しに接着芯をはる。衿ぐり、前端、ウエスト、袖ぐり、袖山を除く身頃、袖、スカートの縫い代、見返し奥にMをかける。
※Mはロックまたはジグザグミシンの略

1 前後身頃のパネルラインと後ろ中心、脇、肩、前後スカートの切替えと脇、見返しの肩を縫う（縫い代は割る）。→図
2 身頃とスカートのウエストを縫い合わせる（縫い代は2枚一緒にMをかけ、身頃側に倒す）。
3 裏衿の後ろ中心を縫う（縫い代は割る）。衿の外回りを縫い返す。→図
4 身頃と見返しで衿をはさんで衿ぐり、前端、見返し裾を縫い返す。→図
5 裾を二つ折りにしてまつる。→図
6 外袖と内袖を縫い合わせる（縫い代は割る）。袖口を二つ折りにしてまつる。袖山に粗ミシンをかけてつけ寸法にいせる。→図
7 袖をつける（縫い代は2枚一緒にMをかけ、袖側に倒す）。→図
8 ボタンホールを作り、ボタン（くるみボタンを作る）、スナップをつける。→図
9 見返しを肩、後ろ中心、ウエストの縫い代に縫いとめる。

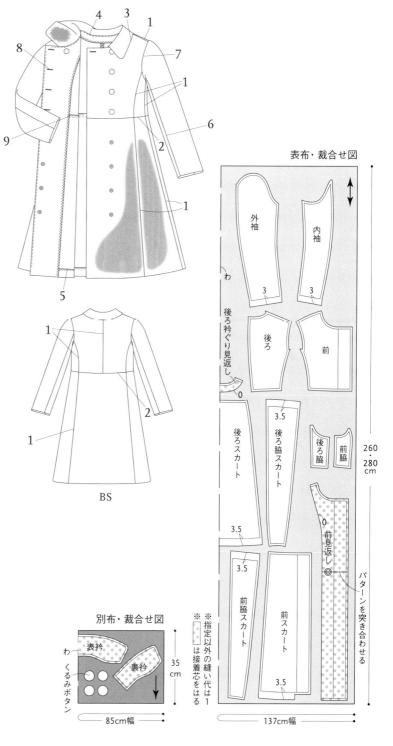

出来上り寸法　　　　　　　（単位はcm）

サイズ	7号	9号	11号	13号	15号
バスト	90	94	98	102	106
ウエスト	76.5	80.5	84.5	88.5	92.5
ヒップ	99	103	107	111	115
着丈	98.5	100	101.5	103	104.5
袖丈	57.3	58.3	59.3	60.3	61.3

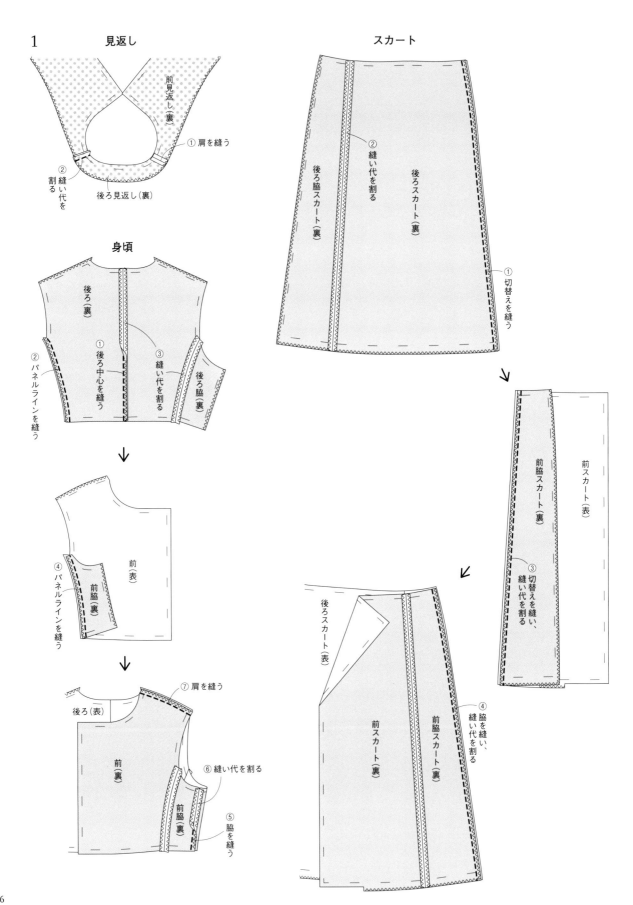

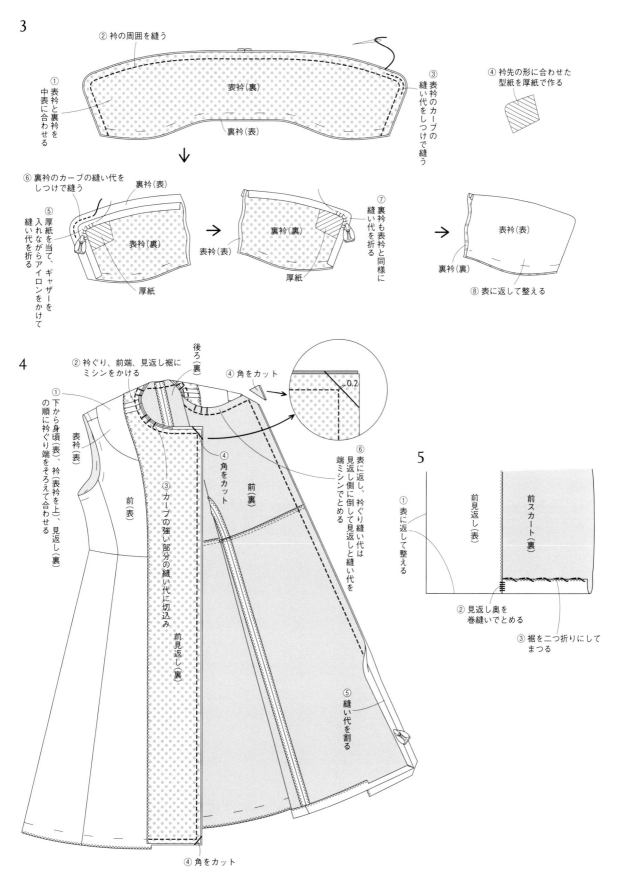

6

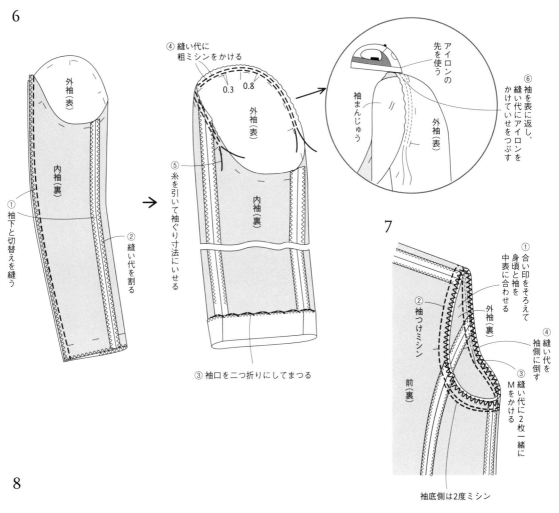

7

8

ボタンホールの大きさとボタンのつけ方

スナップのつけ方

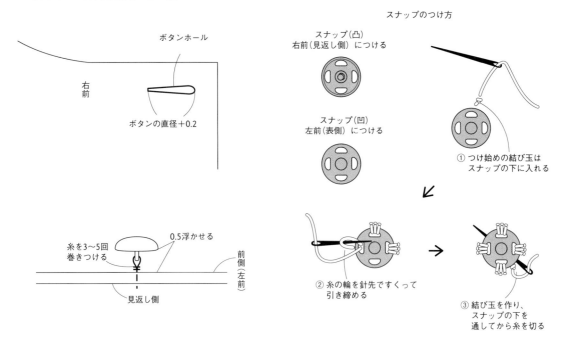

衣装協力

■ A
バングル→petite robe noire、シューズ→Catworth
■ B
ネックレス→ベルカプリ、
ビンテージブレスレット→ベルカプリ、イアリング→petite robe noire
■ C
〈p.7〉コート→COS、グリーンのビンテージネックレス→ベルカプリ
細チェーンのネックレス→Junco Paris
■ D
〈p.8〉コート→MACPHEE、ネックレス→crescioni、シューズ→Sanders
〈p.9〉ネックレス→petite robe noire、シューズ→Repetto
■ E
〈p.10〉ブーツ→Sanders
〈p.11〉ハット→Sugri、ブローチ→Junco Paris
■ F
イアリング→petite robe noire、右手のリング→LiniE、シューズ→Repetto
■ G
イアリング→ベルカプリ
ビンテージコサージュ（2つとも）→ラウジー・バロック
バングル→Junco Paris、シューズ→Sanders
■ H
〈p.14〉ビンテージつけ衿→ラウジー・バロック
〈p.15〉ブローチ→Junco Paris
■ I
〈p.16〉ビンテージブレスレット→ベルカプリ
〈p.17〉イアリング→petite robe noire
ビンテージブローチ（2つとも）→ベルカプリ
■ J
ネックレス→LiniE
■ K
パンツ→TOMORROWLAND collection
ビンテージピアス→ベルカプリ
クリアバングル（2本とも）→PONO、シューズ→Repetto
■ L
ハット→Sugri、シューズ→Sanders
■ M
〈p.22〉シューズ→Catworth
〈p.23〉シルバーベルト→phenomena collection、ブーツ→Sanders
■ N
ネックレス→Junco Paris、バングル→Junco Paris
■ O
サンダル→BOSABO
■ P
〈p.26〉パンツ→BALLSEY、シューズ→Catworth

問合せ先

■ Catworth
GLASTONBURY SHOWROOM　TEL: 03-6231-0213
〒103-0024　東京都中央区日本橋小舟町1-13
■ crescioni
GALERIE VIE 丸の内店　TEL: 03-5224-8677
〒100-0005　東京都千代田区丸の内1-5-1 新丸の内ビルディング2F
■ COS　TEL: 03-5413-7121
〒107-0062　東京都港区南青山4-21-26 COS青山店
■ Sanders
GLASTONBURY SHOWROOM　TEL: 03-6231-0213
〒103-0024　東京都中央区日本橋小舟町1-13
■ Junco Paris
アリス デイジー ローズ　TEL: 03-6804-2200
〒151-0051　東京都渋谷区千駄ヶ谷3-3-3
■ Sugri
Suguri Salon　TEL: 03-6416-5232
〒153-0042　東京都目黒区青葉台3-19-9 第2久保ビル4F
■ TOMORROWLAND collection
TOMORROWLAND　TEL: 0120-983-511
〒150-8448　東京都渋谷区恵比寿西1-32-18
■ BALLSEY
TOMORROWLAND　TEL: 0120-983-511
〒150-8448　東京都渋谷区恵比寿西1-32-18
■ phenomena collection
XANADU TOKYO　TEL: 03-6459-2826
〒150-0001　東京都渋谷区神宮前3-34-7-4F
■ petite robe noire　TEL: 03-6662-5436
〒150-0011　東京都渋谷区東3-26-3 恵比寿フラワーホーム小林ビル5F 506
■ ベルカプリ　TEL: 03-3709-2341
〒158-0095　東京都世田谷区瀬田1-12-32
■ PONO
DES PRÉS 丸の内店　TEL: 0120-983-533
〒100-0005　東京都千代田区丸の内2-4-1 丸の内ビルディング1F
■ BOSABO
DES PRÉS 丸の内店　TEL: 0120-983-533
〒100-0005　東京都千代田区丸の内2-4-1 丸の内ビルディング1F
■ MACPHEE
TOMORROWLAND　TEL: 0120-983-511
〒150-8448　東京都渋谷区恵比寿西1-32-18
■ ラウジー・バロック　TEL: 03-3463-7809
〒150-0041　東京都渋谷区神南1-12-14 星ビル6F
■ LiniE
アリス デイジー ローズ　TEL: 03-6804-2200
〒151-0051　東京都渋谷区千駄ヶ谷3-3-3
■ Repetto
ルック ブティック事業部　TEL: 03-3794-9139
〒153-8638　東京都目黒区中目黒2-7-7

笹原のりこ　Sasahara Noriko
文化服装学院服飾専攻科デザイン専攻卒業。
アパレル会社勤務などを経て、
現在は広告やイベントなどの衣装製作を
活動の中心としている。
シンプルな中に、さり気ない甘さのあるデザインを得意とする。

ブックデザイン	縄田智子　L'espace
撮影	金 玖美　安田如水（p.33〜36・文化出版局）
スタイリング	飯田珠緒
ヘア＆メーク	茅根裕巳
モデル	小野りりあん
作り方解説	近藤博子（p.37〜78）
デジタルトレース	文化フォトタイプ
CADグレーディング	上野和博
パターン協力	森 千春
校閲	向井雅子　久松悠子
編集	平山伸子（文化出版局）

〔参考文献〕
『さり気なく甘い服』　笹原のりこ著（文化出版局）
『きれいな仕立てのプロの技』　百目鬼尚子　牧野志保子著（文化出版局）

〔ミシン協力〕
ブラザーミシン工業

◆材料の問合せ先はp.29、衣装協力はp.79をごらんください。

ずっと着たい
私だけのワンピース

2016年6月6日　第1刷発行
2019年11月7日　第2刷発行
著　者　笹原のりこ
発行者　濱田勝宏
発行所　学校法人文化学園　文化出版局
　　　　〒151-8524 東京都渋谷区代々木3-22-1
　　　　Tel. 03-3299-2401（編集）　03-3299-2540（営業）
印刷・製本所　株式会社文化カラー印刷

©Noriko Sasahara 2016　Printed in Japan
本書の写真、カット及び内容の無断転載を禁じます。

・本書のコピー、スキャン、デジタル化等の無断複製は著作権法上での例外を除き、禁じられています。
　本書を代行業者等の第三者に依頼してスキャンやデジタル化することは、
　たとえ個人や家庭内での利用でも著作権法違反になります。
・本書で紹介した作品の全部または一部を商品化、複製頒布、及びコンクールなどの応募作品として
　出品することは禁じられています。
・撮影状況や印刷により、作品の色は実物と多少異なる場合があります。ご了承ください。

文化出版局のホームページ　http://books.bunka.ac.jp/